U0895063

本书获得中国农业科学院科技创新工程项目（ASTIP-IAED-2021-08）资助

Strategy Research on

ECONOMIC SECURITY OF CHINA'S GRAIN INDUSTRY

in the New Period

新时期我国粮食产业经济安全战略研究

闫 琰 王永春 韩昕儒 宋莉莉 著

中国财经出版传媒集团
经济科学出版社
Economic Science Press

目录
CONTENTS

第1章

绪　论

党的十九大报告指出，要确保国家粮食安全，把中国人的饭碗牢牢端在自己手中。产业自主安全是实现“两个一百年”奋斗目标的基础保障。目前，我国粮食产业外资控制水平逐渐提高，内资粮食企业的竞争力受到遏制。跨国粮商凭借其全球资源优势和技术优势，在一定程度上形成了对我国粮食产业链的控制。在全球粮食市场对我国粮食产业链影响日益深入的背景下，应重新审视粮食产业的经济安全程度，重视粮食产业的控制力，保障粮食安全的长期自主权。同时，现有文献存在没有从整条产业链考虑粮食产业安全的整体概念、缺乏效率和开放市场的观念以及忽视产业控制力等问题。因此，本书从开放市场、整条产业链和产业控制力等角度研究我国粮食产业安全问题。

1.1 研究背景

保证粮食安全即是保证生存健康所需要的足够粮食。粮食安全涉及多层次、多方面的问题，包括全球、国家、家庭和个人层面。全球需要保证粮食可获得能力，国家要保证粮食生产能力和进口能力，家庭要保证粮食可获得能力，个人要保证个体的营养安全。根据联合国资料，1995～1998年间全世界可利用的粮食储备率（世界粮食库存量占下一年度消费量的百分比）为14.1%～18.1%，依然徘徊在粮食生产安全线附近，世界粮食安全现状和前景令人担忧。世界粮食安全问题已经成为全球范围关注的焦点。在我国，粮食安全更是关系到国计民生的大事，我国粮食经济安全涉及经济的发展和社会的稳定情况。近年来我国经济水平不断发展，国际经济影响力也不断提高，因此我国的粮食安全与世界粮食安全息息相关。近些年发布的中央一号文件重点强调粮食安全问题，先后提出“发展农业科技确保国家粮食安全”“确保国家粮食安全始终是发展现代农业的首要任务”“抓紧构建新形势下的国家粮食安全战略，把饭碗牢牢端在自己手上”等粮食安全战略。习近平总书记多次强调了国家粮食安全的重要性，表明我国政府坚定保障粮食安全的态度。

2004～2012年，我国粮食生产“十二连增”，但其中主要增产来源是玉米生产，粮食产量增加存在结构性增长的问题，而1990～2010年的受灾面积占农作物总播种面积的比重平均在31%左右，成灾面积占受灾面积的比重基本维持在53%左右，2009年之后成灾面积占受灾面积基本维持在40%左右，这表明我国粮食的“十二连增”基础薄弱。为了扩大产量和种植面积，我国已经付出了巨大的成本，水资源消耗过度、化肥农药的不合理使用、农村污染等状况不断加重，未来我国的粮食安全仍然面临着较多问题。

1.2 研究意义

粮食问题一直都是各国政府十分重视而又困难重重的问题，因为粮食不仅关乎国家稳定，是经济、社会发展稳定的基础，还是国民经济的基础，粮食关乎国计民生，是人类得以生存的必需品。中国是人口大国，人口占世界人口的21%，其中耕地却只占到了7%，如此庞大的人口需要强大的粮食供给，因此中国的粮食安全不仅关乎中国的未来，更值得世界的关注。

粮食安全是推动我国社会和经济稳定发展的重要基础。粮食安全中最需要重视的是粮食储备部分，决定了我国的宏观调控的能力。我国粮食产量虽然有了“十二连增”的成绩，但是仍然存在着种种问题，如粮食效益不断下降，农业资源不断减少，国际农业市场竞争加剧等。面对粮食安全的新形势，我们必须要站在长远的角度，为优化粮食储备、保证我国粮食安全进行合理规划。粮食安全研究是一个非常紧迫的现实问题，对解决人地矛盾、确定粮食安全目标、保障我国粮食安全、制定相关政策和措施有着重要意义。

1.3 研究内容

本研究主要分为七个部分，第一部分为引言和相关概念界定；第二部分为粮食产业经济安全相关理论基础并概括总结国内外研究现状；第三部分从生产、资源、流通等方面分析我国粮食产业经济安全的现状；第四部分从财政压力、产业风险等几个方面总结我国粮食产业经济安全存在的问题；第五部分构建从经济效益、产业控制力和抵抗经济冲击能力三个方面对我国粮食产业经济安全进行评价的指标体系；第六部分构建我国粮食产业经济安全评价模型，并对我国粮食产业经济安全的合理区间进行分析；第七部分为结论和政策建议。

1.4 相关概念界定

粮食产业的经济安全是指一个国家或地区能够在不影响经济社会发展的情况下，以一定的、可控的成本提供保证居民生存的粮食，不因粮食问题影响全国居民的生存和经济社会的持续发展。在开放经济条件下，粮食产业的经济安全还应包括不因粮食供给不足、依赖其他国家的粮食供给而损害本国的国家主权独立，国内企业对本国粮食产业的发展具有足够的控制能力，不因国际粮食市场的价格波动和外资冲击而影响国内的粮食供给和经济社会的持续发展。

粮食产业经济安全主要包括三个方面：首先，在经济效益方面，粮食产业的经济安全要以合理的经济和政策成本保证粮食的有效、充足供给；其次，在产业控制力方面，要保证国内的粮食企业能够有效控制国内粮食市场，并掌握育种、灌溉、仓储等重要技术；最后，在风险控制方面，粮食产业经济安全应能够抗击国际粮食市场波动的冲击，确保国内粮食市场价格稳定。

1.5 研究方法和数据来源

1.5.1 研究方法

本书采用变异系数赋权法对我国粮食产业经济安全进行综合评价。变异系数赋权法通过标准差和均值的比值来反映指标数据的离散程度，系数越大离散程度越高，选用变异系数大小所占的比重来确定相应指标的权重，从客观方面考虑了指标对评价的影响。

变异系数赋权法主要分为三步：

第一步，对数据进行标准化处理。为了使原始数据无量纲化，首先采用统一的离差标准化法将原始数据标准化：

$$X_i = \frac{x_i - \mathrm{mean}(x_i)}{\sigma_i} \tag{1.1}$$

其中，mean（x_i）为 x_i 的均值；σ_i 为 x_i 的标准差。

第二步，计算权重 W_i：

$$W_i = \frac{V_i}{\sum_{k=1}^{n} V_k} \tag{1.2}$$

其中，$V_i=\frac{\sigma_i}{\mathrm{mean}(x_i)}$，mean（$x_i$）为 x_i 的均值，σ_i 为 x_i 的标准差。

第三步，计算评价得分 S。因为所有指标均为正向影响我国粮食产业经济安全的指标，因此评价得分越高表明我国粮食经济安全度越高。

$$S = \sum_{i=1}^{n} X_i W_i \tag{1.3}$$

同时，可以计算得到各评价内容的得分：

$$S = \sum_{i} X_i W_i = \sum_{k} S_k = \sum_{k1} X_{k1} W_{k1} + \cdots + \sum_{kn} X_{kn} W_{kn} \tag{1.4}$$

1.5.2 数据来源

（1）公开发行的年鉴、统计报告等。包括历年《中国统计年鉴》《中国农村统计年鉴》《中国农业年鉴》《中国农业统计资料》《中国农村住户调查年鉴》《全国农产品成本收益资料》《中国畜牧业统计年鉴》《中国食品工业年鉴》《中国饲料工业年鉴》《中国人口统计年鉴》《中国市场统计年鉴》《中国物价年鉴》《中国城镇居民家庭收支调查资料》《中国物价及城镇居民家庭收支调查》《中国价格及城镇居民收支调查》《中国城市（镇）生活与物价年鉴》《中国农产品价格调查年鉴》《新中国五十五年统计资料汇编》《中国农业统计资料汇编》《中国农业发展报告》，以及中国资源环境经济人口数据库和各省统计年鉴。

（2）网络资源和数据库。国内数据主要是国家计委、农业农村部等政府相关部门的网站资料数据，如中国价格信息网、中国种植业信息网、中国农业信息网等。国外数据也主要由网站资料数据获得，如联合国粮农组织（FAO）数据库、世界银行（World Bank）数据库、经济合作与发展组织（OECD）数据库、联合国商品贸易（UN Comtrade）数据库、美国农业部（USDA）数据库、农业市场数据库（AMAD）等。

1.6 创新点

第一，全面考虑了粮食产业经济安全的整体概念，将粮食产业的经济安全分为三个方面，即从经济效益、产业控制力、抗经济冲击能力三个方面系统考察影响粮食产业经济安全的各方面因素。

第二，关注了从育种到最终消费的各个环节涉及粮食产业经济安全的指标，将产业的源头控制力、国际市场冲击和政策成本都纳入评价指标，从整条产业链的角度评估我国粮食产业经济安全状况。

第三，在评价粮食产业经济安全的效益时，不仅将合理成本和效益设定为重要指标，还考虑了金融投入等新市场因素，全面评价了影响粮食产业经济安全的各个方面。

第四，在考虑抗经济冲击能力时，不仅考虑了对外贸易依存度等传统的“数量”因素，而且考虑了库存消费比和国际市场对国内粮食市场价格传导等影响粮食安全稳定的经济因素。

第五，将产业控制力纳入评价指标，对外资可能对我国粮食产业经济安全产生的影响进行分析，并以进口种子的比重和外资在粮食企业中的比例作为评价指标，分析了外资企业对我国粮食产业经济安全可能产生的影响。

第六，不仅对我国粮食产业经济安全水平进行了评价，还提出了我国粮食产业经济安全的合理区间、关注区间和警戒区间，对监测粮食产业运行情况、调整我国粮食生产政策具有一定现实意义。

第2章

国内外研究现状及评述

目前，针对粮食经济安全的研究不多，大部分研究仅仅针对粮食经济安全中的某一方面，学者关注比较多的仍然是生产方面和贸易方面。

2.1　产业经济安全的理论基础

2.1.1　国家经济安全

当前学术界对国家经济安全的定义尚不统一，在提到国家经济安全时，大都将其与能力或状态联系在一起：能力是指实现国家经济安全的能力；状态是指评价国家经济安全状况要从状态来检验。关于国家经济安全的系统、科学的研究仅仅只有几十年的历史，有关国家经济产业安全的理论也正在讨论、构建和形成之中。发展经济学家托达罗曾对发展中国家的共同经济特征进行过描述，他认为，发展中国家处于低生活水平、高失业和收入分配不均状态的一个重要原因，是穷国与富国的经济、政治力量的悬殊。力量的悬殊不仅表现在富国占有控制国际贸易格局的支配地位，还表现在富国拥有决定以什么条件向穷国转移技术、外援和私人资本的专断权力。发达国家还向发展中国家输出不切合后者实际国情的价值观、体制以及行为准则等，说明发展中国家在国际关系中，受着国外势力的控制和支配。① 以巴西学者多斯桑托斯为代表的依附理论者认为，所谓依附，指的是若干国家的经济受到它们所依从的另一些国家经济的发展和扩大的制约。经济上依附将会产生国内经济不稳、加强外国资本主义的控制、受跨国公司的压榨等不良后果。② 依附理论深刻揭示了在现代化发展过程中发达国家与发展中国家之间发展与依附的关系，唤醒了人们关注自身发展状况以保护国家经济安全的意识。

2.1.2 经济安全的贸易理论基础

国外有许多学者对经济贸易安全理论做了深入研究，其中主流思想有五类。

第一，重商主义保护贸易论是产业安全经济思想的萌芽。国际贸易

---

① ［美］托达罗，［美］史密斯. 发展经济学［M］. 11 版. 刘春生，评注. 北京：电子工业出版社，2013.

② ［巴西］多斯桑托斯. 新自由主义的兴衰［M］. 郝名玮，译. 北京：社会科学文献出版社，2012.

保护理论开始于15世纪的重商主义，它是代表商业资本利益的经济思想和政策体系，分早期重商主义和晚期重商主义。早期重商主义的代表人物是英国的约翰·海尔斯和威廉·斯塔福，其主要观点是：金银是财富的唯一代表，国家的一切经济活动和一切经济政策的目的都是为了获取金银，为了国际经济贸易的顺差，国家必须干预经济。

第二，亚当·斯密关于国家产业安全的理论是产业安全经济思想的补充。斯密主张必须“小心翼翼地恢复自由贸易”。因为他意识到如果国内制造业不具备国际竞争力时，受到大量外国进口工业品的冲击，可能导致一国产业不安全，这可能直接表现为人们的大量失业和生活资料的丧失，甚至发生严重的社会混乱。斯密还对产业不均衡、过分依赖某一产业、某一市场可能导致的经济、政治负面影响表示担心。实际上，产业和贸易的不均衡，在一切国家都普遍存在，但是过分的不均衡，则可能导致国家产业不安全的严重后果。尤其是某些关系到国计民生的重要产业，如果过分地依赖少数国外市场，就会给国民经济的发展和国家产业安全带来很多负面影响。①

第三，保护幼稚产业论标志着产业安全经济思想的成熟。以美国首任财政部长亚历山大·汉密尔顿和德国历史学派的先驱弗里德曼·李斯特为代表的幼稚产业保护论的提出，使产业安全理论趋向成熟。1791年美国经济学家汉密尔顿代表工业资本家的利益，向国会提出了关于制造业的报告，阐述了保护制造业的必要性，建议征收保护关税，因为本国的幼稚工业经不起外来竞争。德国历史学派的先驱弗里德曼·李斯特的学说集中反映了后起资本主义国家发展民族经济的要求，他的学说更

① ［英］亚当·斯密．国富论［M］．郭大力，王亚南，译．北京：商务印书馆，2015.

多地关注了国家经济安全以及政府对产业发展的支持和保护。他通过对英国、美国、德国等西方国家近代经济发展历史的考察得出结论：一个国家不能在工业尚未充分发达前，就采取自由贸易的方针，如果盲目执行自由贸易的政策，就会使国家的工业衰弱、消亡，最终导致这一国家国际政治、经济地位的衰落。李斯特在论证他的幼稚产业保护理论时，提出了独特的生产力理论。李斯特以美国为成功的例子来说明，只有对本国工业进行保护、扶持，待本国的产业具有一定的国际竞争力时再开放市场，才能真正提高一个国家的经济实力和确保国家的经济和产业安全，使一个国家最终富强起来。

第四，发展经济学家的贸易贫困化增长理论是产业安全经济思想的进一步发展。“贫困化增长”是20世纪50年代中期国际经济学界在研究经济增长对发展中国家的国际贸易影响时提出来的一项重要命题。根据比较优势理论，发展中国家基于自身的资源禀赋结构所决定的比较优势而参与国际分工能获得更多的利益，但普维雷什、辛格和巴格瓦蒂等人的贫困化增长理论对此提出质疑。他们认为，处于分工低阶梯的发展中国家所生产的初级产品，缺乏价格弹性和收入弹性，大量增加出口必然造成价格大幅下跌，这样产量提高的收益将由于价格贸易条件恶化而完全丧失，从而造成本国的实际收入水平和消费水平都比增长前绝对下降，出现福利恶化的“贫困化增长”。贫困化增长理论指出了一个重要的事实：在传统的贸易分工格局中，处于分工低阶梯的发展中国家处于不利地位，从贸易中所获得的实际利益较少，而这种不利的贸易利益分配格局是与其低层次的出口产品结构和不利的价格贸易条件直接相关的。

第五，当代国际贸易理论是对产业安全思想的深化，包括比较优势陷阱（后发劣势）、竞争优势理论和战略性贸易理论。一般认为，比较优势理论的缺陷是仅考虑了各方静态利益而忽视了动态利益。竞争优势所关心的是一国如何将潜在的比较优势转变成现实的竞争优势。竞争优势战略是发展中国家改变在国际贸易中不利地位、充分发挥对外贸易作用的一个必然选择。战略性贸易政策理论强调了政府适度干预贸易对于本国企业和产业发展的作用。因此，战略性贸易政策是一种有利于促进战略性产业发展、实施政府有效干预的产业政策。

我国有许多学者对经济安全的贸易理论进行了深入研究。如杨雪东（2006）在《国家自主与中国发展道路》一文中提到，中国改革要维持并加强中国的自主性，推动国家与社会关系的协调适应。张国昀（2012）指出，各资本主义国家为了在国际贸易中赢得地位、获得国家利益，会实施不同的国家对外贸易政策。

2.1.3 国家产业经济安全的投资理论基础

第一，国际生产折中理论。根据英国里丁大学教授邓宁（2016）的国际生产折中理论，跨国公司从事国际生产要同时受到所有权优势、内部化优势和区位优势的影响，对外直接投资是这三项优势整合的结果。其中内部化理论认为，市场缺陷的存在是内部化优势产生的前提，公司可以通过内部交易安排节约交易费用，从而为企业带来竞争优势。在现实中对外直接投资的原因之一就是规避关税和非关税贸易壁垒。壁垒越高，即外部交易费用越高，对外投资即内部化的意愿就越强。因此，对外直接投资能很好地绕过东道国的贸易壁垒，使东道国借助贸易措施保护产业失灵。

第二，边际产业扩张理论。日本一桥大学教授小岛清（1987）认为，一国应将本国已处于或即将处于劣势地位的产业转移至该产业正处于优势地位或具有潜在比较优势的国家。他通过国与国之间产业转移次序的分析，认为一国所有趋于比较劣势的生产活动都应通过直接投资顺序向国外转移。按其理论模式，发展中国家的产业结构高度，不仅取决于跨国公司的产业结构高度，而且还取决于转移产业的比较劣势程度。于是依赖跨国公司的国际直接投资而推动的产业发展，将难以缩小发达国家与发展中国家之间的产业结构差距，发展中国家可能会陷入“利用外资的陷阱”。

第三，其他国际直接投资理论。巴克莱和卡森等的内部化理论认为，跨国公司对“知识产品”的内部化动机最强，其根本原因在于避免外部化导致的技术外溢和壮大自己的竞争对手。1966 年，费能提出了产品生命周期理论，从此国际产业的转移理论开始发展起来。先是日本经济学家赤松要提出了“雁行模式”，它基本揭示了国际产业转移的内在机理。随后，日本学者小泽辉智在赤松要的基础上引入国际直接投资和跨国公司的因素，提出了“增长阶段模式”，使“雁行理论”进一步深化，从而使国际产业转移理论得以逐步形成。从其理论主张看，无论“雁行模式”还是“增长阶段模式”都表明，由于国际直接投资所引发的产业国际转移是由劳动密集型产业的转移开始进而到资本、技术密集型产业的转移，是从相对发达国家转移到次发达国家，再由次发达国家转移到发展中国家和地区这样梯度推进的。当代国际直接投资实践表明，为了在竞争中处于优势地位，跨国公司不可能将所拥有的一流先进技术以技术转让或对外直接投资的方式转移出去。许多发达国家向发展中国家转移的是国内已淘汰、高能耗、高耗原材料、高污染的劳动密集型产业或低端产业，不仅严重影响了发展中国家的产业安全，而且大大地破坏了东道国的生态环境。

2.1.4 国内学者对产业经济安全问题的研究

由于产业经济安全具有国家性、根本性和战略性等特点，我国学者从20世纪80年代后期开始了这方面的研究。目前已经形成几种代表性的观点，其中大致包括产业发展说、产业竞争力说、产业控制力说和产业权益说四大类。如我国学者张幼文等（2013）对经济全球化背景下的国家经济安全进行了系统的研究。万君康等（2001）将经济安全分为金融安全、信息安全和产业安全三部分，认为金融安全是国家经济安全的核心，经济信息安全是国家经济安全的基础环节，而产业安全是国家经济安全的基本内容。随后，一些学者开始对产业安全进行了专门性的探索研究。有关产业安全界定上有几种有代表性的观点：强调以国民为主体的产业安全观，如赵世洪（1998）认为谈论产业安全不能脱离国民这个主体，一国国民具有共同的利益，产业安全的准确提法应为国民产业安全；强调控制力的产业安全观，如王允贵（1997）认为，产业安全是指本国资本对影响国计民生的国内重要经济部门掌握控制权，国民经济各行业的发展主要依赖于本国的资金、技术和品牌，支柱产业具有较强的国际竞争力；强调竞争能力的产业安全观，如杨公朴（2000）是指一国对国内重要产业的控制能力及该产业抵御外部威胁的能力主要体现为产业的国际竞争力。景玉琴（2005）认为产业安全应当分为宏观、中观和微观三个层次，并分析了导致产业发展偏离安全状态的因素不仅源于外部，而且还来自内部，外部因素包括外商直接投资的产业控制及外国生产商在我国的低价倾销；内部因素包括企业层面的治理机制不完善，产业层面过度竞争与竞争不足共存，政府规制层面的缺位、错位、越位。虽然上述观点各异，但为我们准确把握产业安全的内含做出了重要的提示和贡献。在关于维护产业安全的对策方面的研究，吕政（2006）认为必须处理好引进技术与自主创新的关系，在技术引进的基础上，加强对引进技术的消化吸收和再创新，更有利于提升本国产业的竞争力；高虎城（2004）认为提升产业国际竞争力是维护产业安全的根本途径。此外，何维达等（2002）在建立评价指标体系的基础上，对我国三次产业安全现状进行了初步估算。杨国亮（2010）提出一个新的分析视角，认为不安全的极端形态就是实体不存在的情况，并将这种极端形态作为衡量和判断产业经济安全的标准。他还提到，产业安全问题的实质就是从国家利益的高度出发，考察在经济全球化加速发展的背景下，如何实现一个国家某个产业自主发展的问题。

可见，国内对产业安全的研究成果虽多，但研究远没做到完善和成熟，尤其是有影响力的成果不多见，产业安全基本理论尚处于形成之中。

2.2　产业经济安全的评价指标

2.2.1　生产方面

在生产方面，大部分现有研究都将注意力放在粮食的产量上，认为粮食产量是影响粮食安全的重要方面，同时认为粮食数量安全是粮食安全的基础，也是我国历来发展粮食的首要目标；部分关注经济安全的研究也将粮食生产的物质投入或者产出作为重要的评价指标。马九杰等（2001）的五项指标加权平均法将粮食生产波动指数、粮食储备需求比率作为评价经济安全的重要指标。国家统计局农村社会经济调查司（2005）的评价指标体系将有效灌溉面积比重、播种面积成灾率、亩实际物质收入作为经济安全的重要评价指标。曾孟夏等（2011）的可持续发展视角的粮食安全评价指标，将土地单产率、人均农业机械化动力作为衡量粮食安全中经济可持续方面的重要评价指标。陈兆荣等（2012）的基于支持向量机的区域粮食安全评价模型，将农业机械化总动力、播种面积成灾率、有效灌溉面积比重作为评价粮食经济安全的重要指标。杨磊（2014）的 11 项指标法中，用农业生产资料价格指数衡量了生产方面的经济安全。王娜等（2015）的基于中心点三角白化权函数的灰色聚类评价模型，将单位面积农业机械总动力、农资投入、有效灌溉面积比重作为评价粮食经济安全的重要指标。周博等（2015）的农业可持续发展视角下的中国粮食安全状况评价，将种植业收入占农民纯收入的比重、三种粮食亩均投入产出率、三种粮食亩均土地生产率作为评价粮食经济安全的重要指标。姚成胜等（2015）基于国内外相关文献分析的基础上确定的指标体系，将粮食作物成灾面积、粮食总产量波动量、作为评价粮食经济安全的重要指标。张元红等（2015）基于国际公认的粮食安全概念构建的 27 个指标评价体系，将化肥使用量、农业投入产出相对价格变化作为评价经济安全的重要指标。崔明明等（2019）构建了粮食安全评价体系，其中包括数量安全指标、质量安全指标、生态环境指标，经济安全指标和资源安全指标，具体有粮食产量波动率、单位耕地面积农药使用量以及粮食流通财政补贴等多达 15 个指标。

2.2.2 贸易方面

贸易也是学者们进行粮食产业安全评估时用于衡量经济安全方面的重要指标。综合来看，粮食的自给率和粮食的对外贸易依存度是学者们普遍采取的指标。

朱泽（1998）的四项指标简单平均法、刘晓梅（2004）的四项指标加权平均法、龙方（2008）的七个指标、李文明等（2010）的六项指标权平均法、余强毅等（2011）的七项指标法、王娜等（2015）的基于中心点三角白化权函数的灰色聚类评价模型、张元红等（2015）的 27 个指标法，都将粮食的自给率作为评价粮食产业经济安全的重要指标。

马九杰等（2001）的五项指标加权平均法、程亨华（2002）的四项指标法、国家统计局农村社会经济调查司（2005）的评价指标法、刘凌（2007）的 16 个指标法、李冬梅等（2008）的 23 个指标法、曾孟夏等（2011）的可持续发展视角的粮食安全评价指标都选取了粮食的对外贸易依存度作为评价粮食产业经济安全的重要指标。

也有学者考虑到仅仅采用粮食自给率或者对外贸易依存度不足以衡量我国粮食产业的经济安全状况，因此，高帆（2005）的八项指标法、陆慧（2008）的 12 项指标法、洪涛等（2015）的国家粮食安全评估指标体系、巩亚娣等（2016）的 10 个指标法都同时选取了对外贸易依存度和粮食自给率两个指标。张锦恺（2016）在贸易安全指标选取上选择了比较优势指数、RCA 指数（即出口绩效指数）、贸易条件指数、贸易结构指数以及贸易科技含量等指数。

除自给率和对外贸易依存度外，部分学者还选取了其他指标来评价我国粮食产业的经济安全。例如，李冬梅等（2008）的 23 个指标法不仅考虑了对外贸易依存度，还考虑了进口粮食的来源，将粮食的进口集中度纳入指标体系。姚成胜等（2015）基于国内外相关文献分析的基础上确定的指标体系没有考虑贸易因素，但是将粮食不足发生率纳入了评价体系。门可佩等（2009）的 11 项指标法考虑了粮食进出口额占农产品进出口总额的比重。

2.2.3 价格波动

在粮食价格的波动方面，马九杰等（2001）的五项指标加权平均法考虑了粮食及食物市场价格稳定性，并赋予其 10% 的权重。国家统计局农村社会经济调查司（2005）的评价指标体系将粮食消费价格指数设定为评价经济安全的重要指标。高帆（2005）的八项指标认为中国粮食安全目标的实现在很大程度上取决于流通体制改革，为此选取了粮食价格上涨率作为重要指标。刘凌（2007）的 16 个指标法中，将粮食市场价格设定为评价粮食产业经济安全的重要指标。龙方（2008）的七个指标法中，以粮食价格变动率来评价粮食产业的经济安全。陆慧（2008）的 12 项指标考虑国际市场粮价波动系数来衡量粮食产业的经济安全。李冬梅等（2008）的 23 个指标法用地区间粮食价格统一水平来衡量粮食产业的经济安全。门可佩等（2009）的11项指标法用粮食价格指数增长来衡量粮食产业经济安全的价格方面。雷勋平等（2012）的粮食安全预警指标法用粮食价格指数来评价粮食经济安全的价格方面。陈兆荣等（2012）的基于支持向量机的区域粮食安全评价模型用粮食消费价格指数来评价粮食经济安全的价格方面。杨磊（2014）的11项指标法用粮食消费价格指数来衡量粮食经济安全的价格方面。洪涛等（2015）的国家粮食安全评估指标体系用粮食价格波动率来衡量粮食经济安全的价格方面。王娜等（2015）基于中心点三角白化权函数的灰色聚类评价模型，用粮食消费价格指数来衡量粮食安全的价格方面。周博等（2015）的农业可持续发展视角下的中国粮食安全状况评价，用粮食零售物价指数来评价粮食经济安全的价格方面。姚成胜等（2015）在国内外相关文献分析的基础上确定评价体系，采用国内粮食价格指数来评价粮食经济安全的价格方面。张元红等（2015）的27个指标法将粮食价格指数、粮食与能源价格比、粮食相对价格和国内价格波动率作为评价粮食产业经济安全的重要指标。

2.2.4 产业安全

李冬梅等（2008）的23个指标法用农业组织化程度和融资环境状况、劳动力素质以及农业科技贡献率来衡量粮食经济安全的产业方面。周博等（2015）的农业可持续发展视角下的中国粮食安全状况评价，用三种粮食亩均投入产出率和土地生产率来评价粮食产业经济安全的产业方面。

在产业安全的相关研究中，部分学者还针对敏感的粮食品种进行了评价，例如，彭超等（2010）从价格、销售收入、玉米产量和调剂能力四个方面定性地对我国玉米产业安全进行了评价。林灵芝（2014）运用模糊综合评价法，选取了产业竞争力、产业控制力、产业成长性、产业发展环境四个一级评价指标，对玉米产业安全状况进行评估。张昕（2010）构建了大豆产业安全的评价指标，选取了从产业发展环境（以资本成本、农民家庭中专及以上文化程度人口的比重、大豆产业劳动力人均小时工资、大豆产业种植面积、大豆需求增长率来衡量）、产业竞争力（以大豆产业世界市场份额、大豆产业国内市场份额、竞争优势指数来衡量）、产业对外依存度（产业进口对外依存度、产业出口对外依存度和大豆自给率）和产业外资控制率（产业外资品牌控制率）几个方面来评价大豆的产业安全。

2.2.5 市场完善情况

在市场方面，刘凌（2007）的16个指标法将粮食市场的发育程度及粮食企业改革进程设定为评价粮食经济安全的重要指标。李冬梅等（2008）的23个指标法用粮食市场体系完善程度来衡量粮食产业的经济安全的市场方面。刘旭（2013）认为，粮食安全包括“供得足、送得到、买得起、吃得好”，其中“送得到”和“买得起”涉及粮食产业经济安全的市场流通和价格稳定。洪涛等（2015）的国家粮食安全评估指标体系用粮油贷款金额、农保费比重和农保赔付率来衡量粮食经济安全的市场方面。

2.2.6 粮食储备

程亨华（2002）的四项指标法考虑了粮食库存安全系数，认为粮食库存量的多少是衡量一个国家粮食安全与否的一项重要指标。国家统计局农村社会经济调查司（2005）的评价指标体系将国家粮食储备率和农民户均存粮设定为评价经济安全的重要指标。高帆（2005）的八项指标认为中国粮食安全目标的实现在很大程度上取决于流通体制改革，为此选取了粮食储备率为重要指标。龙方（2008）的七个指标法中，以粮食的储备率来评价粮食的经济安全。李冬梅等（2008）的23个指标法用粮食储备率来衡量粮食的经济安全的储备方面。李文明等（2010）的六项指标加权平均法用粮食储备水平来衡量粮食经济安全的储备方面。巩亚娣等（2016）的10个指标法用粮食储备率来衡量粮食产业经济安全的储备方面。

2.2.7 政策投入

李冬梅等（2008）的23个指标法用制度创新及实施效果、政策措施制定和执行情况、农业科技财政资金支持力度和农业法律法规完善水平来衡量粮食产业经济安全的政策方面。陈兆荣等（2012）的基于支持向量机的区域粮食安全评价模型，将财政支农指数、科技三项费用指数来评价粮食产业经济安全的政策方面。洪涛等（2015）的国家粮食安全评估指标体系用粮食、农资、两种、农机具四项补贴来衡量粮食经济安全的政策方面。周博等（2015）的农业可持续发展视角下的中国粮食安全状况评价，用农业支出占财政支出的比重来评价粮食产业经济安全的政策方面。姚成胜等（2015）在对国内外相关文献分析的基础上确定的评价体系以财政支农支出来评价粮食产业经济安全的政策方面。张元红等（2015）的27个指标法将人均财政支农水平、财政支农占农业产值的比重设定为评价粮食产业经济安全的重要指标。

2.3 现有研究的不足之处

2.3.1 缺乏粮食产业经济安全的整体概念

大部分研究仅仅在粮食安全这一框架下将经济安全作为一个因素进行考虑，缺乏整体的粮食经济安全观念。目前已有的研究大部分仍将注意力放在粮食的数量安全或者质量安全上，几乎没有针对粮食经济安全的系统研究。大部分研究虽然考虑了经济因素（如成本、价格等），但是关注的都仅仅是单一的指标，无法全面反映粮食产业经济安全的整体状况。

2.3.2 产业链粮食经济安全问题

对于那些考虑了经济安全因素的评价体系，大部分都仅仅考虑生产成本和消费价格，很少有研究考虑产业的源头控制力、国际市场冲击和政策成本等。目前来看，产销区价格倒挂、国内国际粮食价格倒挂已经成为严重影响我国粮食产业的因素，缺少这些指标的体系无法准确反映我国粮食经济安全状况。

2.3.3 缺乏效率观念

在研究经济安全时，大部分的研究都将农资、农机等方面的投入用于衡量粮食安全的经济方面，没有树立投入产出比的概念，仅仅考虑投入的绝对量，即没有考虑以合理的成本和效益保障粮食产业的经济安全。目前我国粮食生产成本水涨船高，挤占了我国粮食产业的发展空间，不考虑成本收益率和投入产出比显然无法准确评价我国粮食产业的经济安全。

2.3.4 缺乏开放市场观念

大部分研究在考虑国际市场影响时，一般仅考虑贸易因素，没有考虑其他途径的价格传导，也没有将经济安全置于开放市场条件下。粮食的进口量和自给率是影响我国粮食产业经济安全的重要因素，但其更多衡量的是对粮食数量安全的影响，无法准确反映我国粮食安全在面对国际市场价格波动时经济方面的稳定性。

2.3.5 缺少政策因素

大部分研究仅关注经济成本，较少考虑政策成本。我国目前对粮食生产的财政支出逐年增加，粮食最低收购价等流通政策的支出也不断增加，导致保证粮食安全的财政压力越来越大，在政策成本连续攀升、财政收入增速降低的情况下，将政策成本纳入粮食产业经济安全的评价体系是非常有必要的。

2.3.6 忽视产业控制力

大部分经济安全的研究仅考虑了短期的经济因素，较少从长期角度考虑产业控制力。目前几乎没有研究考虑外资对我国粮食产业产生的影响，而事实上，我国粮食产业外资控制水平逐渐提高，内资粮油企业的竞争力受到遏制。跨国粮商凭借其全球资源优势和技术优势，在一定程度上形成了对我国粮食产业链的控制。在全球粮食产业链对我国粮食产业链影响日益深入的背景下，必须将产业控制力纳入我国粮食产业经济安全的评价指标。

第3章

我国粮食产业经济安全现状分析

3.1 粮食生产情况

出于对粮食自给的重视和粮食刚性消费的客观现实，我国对粮食生产一直极为重视。因此，我国的粮食供给很大程度上取决于国内生产。本书对粮食供给的研究将重点针对粮食的生产情况，从粮食生产的总体特征、播种面积、总产量和单产量、种植结构以及种植区域进行分析，以期掌握我国粮食生产的具体情况。

3.1.1 粮食生产整体呈现上升趋势

新中国成立以来，我国粮食的生产整体呈现出产量大幅上升、播种面积基本稳定和单产不断提高的趋势（见图3-1），粮食产量从1949年的11318万吨上升到了2017年的66160.7万吨。在这期间，我国粮食产量并不是平稳上升的，播种面积和单产对增产的拉动程度也有很大区别。因此，可以根据不同的趋势将产量、播种面积和单产分为不同阶段进行考察。

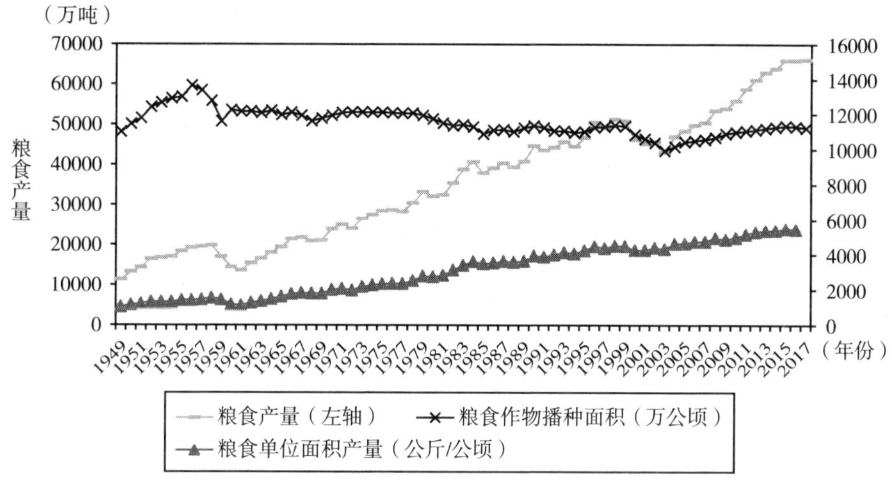

图3-1　1949~2017年我国粮食产量、播种面积和单产变动情况

资料来源：根据国家统计局资料计算。

1949~1958年是我国粮食产量跨越两亿吨的阶段。这一时期粮食增产主要是由于播种面积的增加。在这期间，由于土地改革和战后恢复性生产等原因，我国粮食的播种面积增加了16.06%，拉动了我国粮食产量向两亿吨靠近。1958~1977年是我国粮食产量跨越3亿吨的阶段。这一时期，我国粮食产量虽然总体呈现增长趋势，但是由于受政治和气候等因素的影响，这一阶段的粮食生产出现了非常明显的波动，增产速度较慢。1978~1984年是我国粮食产量跨越4亿吨的阶段。在这一阶段，得益于家庭联产承包责任制，我国粮食生产能力得到了极大的释放，仅6年时间粮食产量就增加1亿吨，年均增长率达到4.95%。1985~1996年是我国粮食产量跨越5亿吨的阶段。这一时期，技术水平的提高拉动了我国粮食单产水平的明显增长，带动了我国粮食产量的增加。1997年至今是我国粮食产量跨越6亿吨的阶段。这一时期，我国粮食产量呈现徘徊上升趋势，单产增长变慢，粮食总产在5亿吨上下波动。其中，1999~2003年出现了新中国成立后史无前例的粮食总产“五连跌”，下跌幅度达到15.28%；在随后的2004~2008年，在“五连跌”的教训下，我国开始出台各种政策支持鼓励粮食生产，粮食总产量实现了恢复性增长，2008年粮食产量达到了下跌前（1998年）的水平；之后的2009~2015年，我国粮食产量出现了新的稳定增长。可以看出，虽然我国出现了粮食“十二连增”的乐观情况，但是，事实上，其中有相当一部分的增产属于“恢复性增产”。也就是说，1998~2015年的粮食年均增长率为3.63%，远低于1949~1958年的6.3%和1978~1984年的4.95%。这一阶段的粮食增产速度放缓的主要原因是“技术天花板效应”导致的粮食单产水平提高速度受限，总产量随着播种面积的减少或恢复而波动。这一阶段的增产本质与1949~1958年（因面积扩大而增产）、1978~1984年（因制度改革而增产）以及1985~1996年（因单产增加而增产）有很大的不同，这一阶段的增产是在播种面积面临约束、粮食单产增加空间有限的双重压力下实现的。2016年至今，由于国家农业供给侧改革和农药化肥减施行动，粮食产量有小幅波动，但是整体看波动不大。

3.1.2 播种面积波动中略有上升

从播种面积来看，1978～2017年，我国粮食总播种面积波动中有微小的增加（见图3－2）。从总体上看，播种面积的变化情况可以分为四个阶段。第一个阶段是在1999年之前，播种面积相对稳定，基本保持在8000万公顷以上，于1999年达到最高点8604万公顷。第二个阶段是1999～2003年，粮食播种面积出现了较为明显的下滑，这主要是由于自然灾害的发生、农业种植结构调整以及粮食价格低迷引起的其他作物对粮食播种面积的挤占。2003年，我国粮食播种面积一度跌落到7257万公顷，为历史最低水平。第三个阶段为2003～2016年，播种面积在经历了2003年的最低点后，受粮食生产支持政策、粮食价格升高和需求拉动的刺激，粮食播种面积开始缓慢平稳上升，于2016年达到

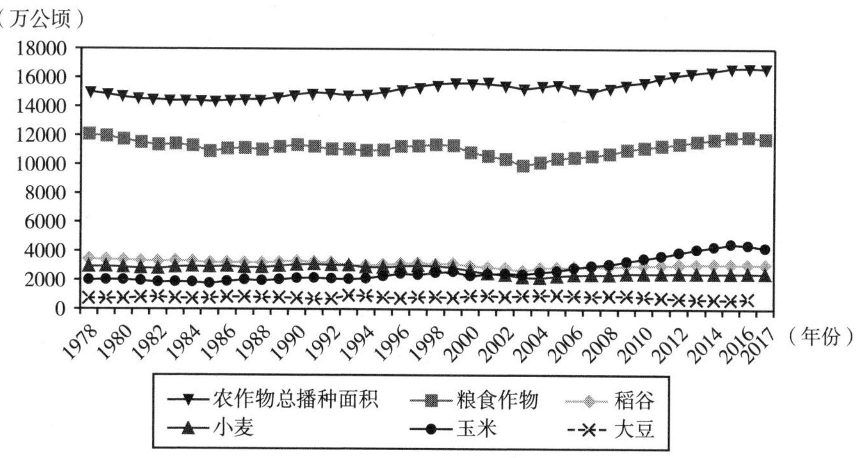

图3－2 1978～2017年我国粮食作物播种面积变动情况

资料来源：根据国家统计局资料计算。

1978年以来的最高值（11923万公顷）。第四个阶段为2017年至今，受农业供给侧改革的影响，我国逐步调减玉米播种面积，粮食播种面积有一定下降，2017年，我国粮食播种面积达到11799万公顷。

但是，考察粮食播种面积占农作物播种面积的关系则会发现，在粮食播种面积扩大的同时，其占农作物播种面积的比重整体呈现出了较为明显的下降趋势（见图3－3）。自1978年以来，我国的粮食播种面积在农作物播种面积中所占的比重在波动中逐渐下降，于2003年降到历史最低点（65.22%）。受该年份粮食大幅减产的警示，在此之后，我国政府对粮食生产更加重视，出台了一系列鼓励粮食生产的政策，包括最低收购价和粮食直补等。这些政策刺激了农民的种粮积极性，我国粮食播种面积有了一定的回升，但仍低于改革开放之初的水平。2017年，我国粮食播种面积占农作物播种面积的70.93%，比1978年降低了9.40个百分点。

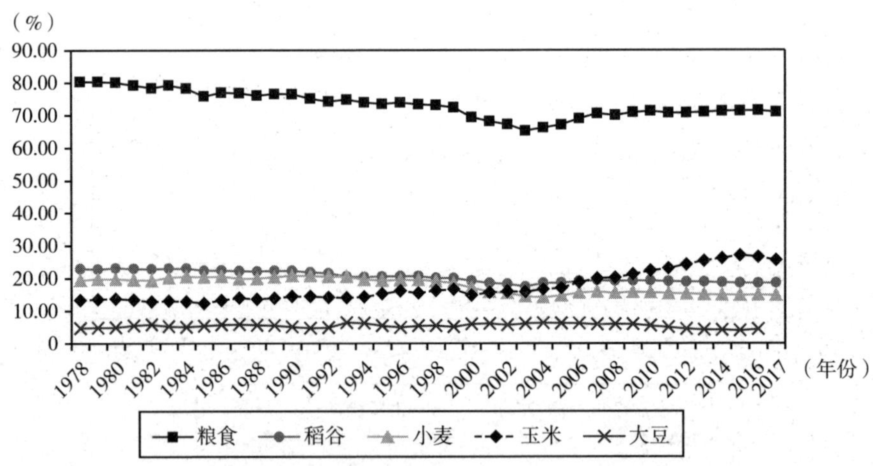

图3－3　1978～2017年各粮食作物播种面积比重变动情况

资料来源：根据国家统计局资料计算。

分别研究三大粮食作物的播种面积可以发现，稻谷的播种面积呈现出先下降后上升的波动趋势，但波动幅度较小，稻谷播种面积占农作物播种面积的比重变动情况与粮食基本一致，即波动中缓慢下降。小麦的播种面积也出现了逐步下降的趋势，从1978年的2918.3万公顷下降到2017年的2450.8万公顷，但下降幅度并不明显。三大作物中，玉米播种面积稳步上升，除了20世纪初有轻微波动外，2016年之前呈现出较为稳定的上升趋势。我国玉米播种面积于2015年达到峰值（4496.8万公顷），比1978年增加了125.28%。但是2016年开始，受国家宏观战略影响，我国开始逐步调减玉米的播种面积。我国大豆播种面积的变化并不具有明显的一致趋势，播种面积一直在较低的水平（600万~1000万公顷）上波动。这在很大程度上是由于大豆的食用比重较低，更多的是作为油料或饲料使用，不属于“谷物”和“口粮”的范畴，播种面积缺乏稳定机制，更多受国际和国内市场供求情况决定。

3.1.3 粮食产量增长趋势明显

1. 总产量

整体来看，我国粮食总产量虽然出现过几次大幅波动，但是增长趋势明显。2017年底的粮食总产量已达66160.72万吨，比1978年翻了一番。考察1978~2017年粮食生产的时间序列数据可以发现，我国粮食总产量变化中存在几个明显的异常点。以这几个点为基础，可以将我国粮食产量的变化情况分为不同的阶段进行观察。第一个阶段为1978~1996年。这一时期我国的粮食产量呈现出“小波动、大上升”的态势，粮食产量波动幅度不大，呈现出较为坚挺的上升趋势。这一时期的产量上升和生产能力的提高给我国粮食生产的进一步发展奠定了坚实的基础，确保了今后粮食生产在面临风险和波动的情况下能够基本满足人民的生活需求。第二个阶段为 1997 ~ 2003 年。由于制度对增产的拉动力已经几乎释放完毕，加上播种面积的减少，这一阶段我国粮食产量出现了连续的下跌，2003 年粮食产量甚至低于 1990 年的水平。第三个阶段是 2004 ~ 2015 年。在这一阶段，各种政策的出台和粮食价格的提高刺激了粮食生产的持续上升，粮食产量出现了历史性的“十二连增”（见图 3 –4）。第四个阶段是 2016 年至今，受农业供给侧改革和农药化肥减施行动的影响，我国粮食总产量出现了小幅下降。

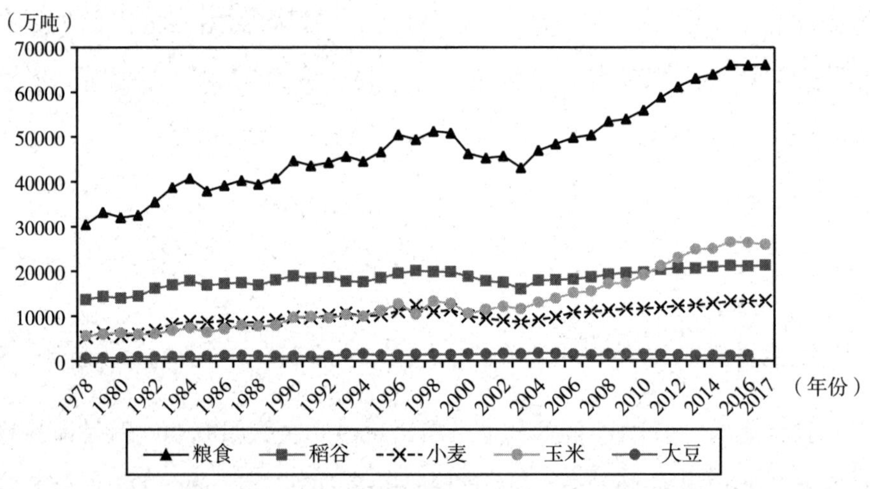

图 3 –4　1978 ~ 2017 年我国粮食及各作物总产量变动情况

资料来源：国家统计局。

粮食产量年度变化率也是反映粮食生产情况的重要指标。从图 3 –5 可以看出，2003 年以前，我国粮食产量的年度变化率波动明显，而且出现了多次产量的负增长（1978～2003 年共出现 10 次粮食产量的负增长）。同时，每次较大幅度的负增长后，都需要 2～3 年或者更长的时间来恢复。这说明，在这一时期，我国的粮食生产能力还很脆弱，容易受到不确定性因素的影响。但是，从 2004 年开始，我国粮食年度产量变动率振幅逐渐缩小并趋于平稳。这很大程度上是因为我国的粮食生产科技水平提高以及支持政策逐渐增多并具有了连贯性，能够在一定程度上帮助农民规避风险，稳定他们的种粮信心和对市场的预期，刺激他们的种粮积极性。从我国粮食总产量的年度变化率可以推测，我国粮食生产受到科技水平提升和政策支持力度变大以及资源约束趋紧、传统的制度和科技增产能力释放完毕的正反两方面影响，其波动性逐渐减弱，大幅的增产或减产的可能性降低。

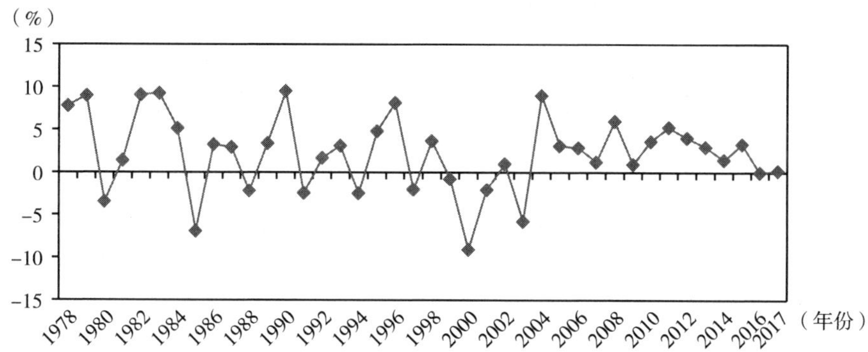

图 3-5　1978～2017 年我国粮食年度产量变动率

资料来源：根据国家统计局统计资料计算。

2. 单产量

通过以上的分析可以看出，我国的粮食总产量在播种面积基本稳定的趋势下仍然能保持增长，粮食单产提高起到的重要作用不容忽视。

图3－6和图3－7分别显示了1978年以来我国粮食单产和单产变动率的情况，从中可以看出以下两点特征。

第一，从图3－6可以看出，我国粮食的平均单产增长趋势明显，2017年粮食单产达到5607.36公斤/公顷，为1978年的2.22倍。这与我国农业科技进步水平的不断提高、农业技术推广体系的完善和农业基础设施的逐步改善是密切相关的。

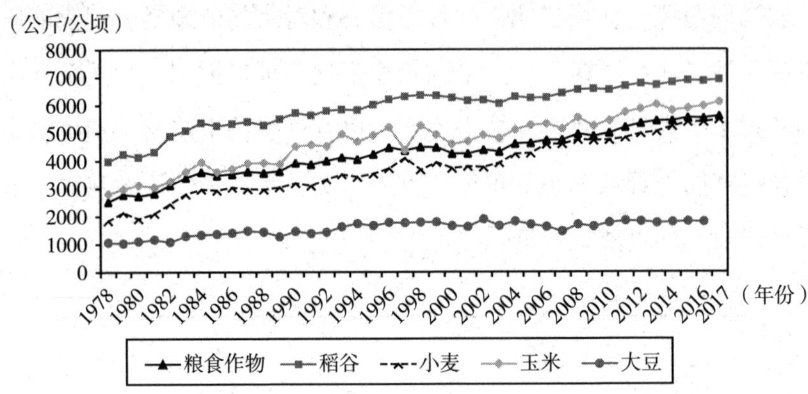

图3－6　1978～2017年我国粮食、稻谷、小麦、玉米及大豆单产变动情况

资料来源：根据国家统计局资料计算。

第二，我国粮食单产增速放缓，短期内难以出现大幅度的提高。2003～2007年，我国粮食作物、稻谷、小麦、玉米的年均单产增幅分别为1.88%、1.20%、3.22%和1.43%，而2013～2017年，年均增速分别为0.61%、0.59%、1.63%和0.31%，与十年前相比都呈现出明显的下滑。

考察不同粮食作物的单产变化趋势得出，稻谷的单产水平最高，远远高于其他三类粮食作物；小麦单产的年均增长速度最快，1978～2017年间小麦的年均增长速度达到2.76%，远高于稻谷的1.39%和玉米的

2.2%。如果考察不同粮食作物的年度单产变动率（见图3-7），则可以发现，玉米和大豆的单产变动率振幅最大，其次是小麦，稻谷的单产变动率最为平缓。这主要是因为，20世纪90年代以来，稻谷和小麦成为我国主要的粮食产品，消费和生产量都较高，对它们的科技研究也相对普遍，增产技术成果更为丰富、推广应用受到了更多的重视，单产量也更加稳定。由于近年来玉米的饲料粮和工业用粮的消费需求增加，带动了对玉米生产技术的重视，稳定了玉米单产，减弱了玉米单产变动率的振幅。

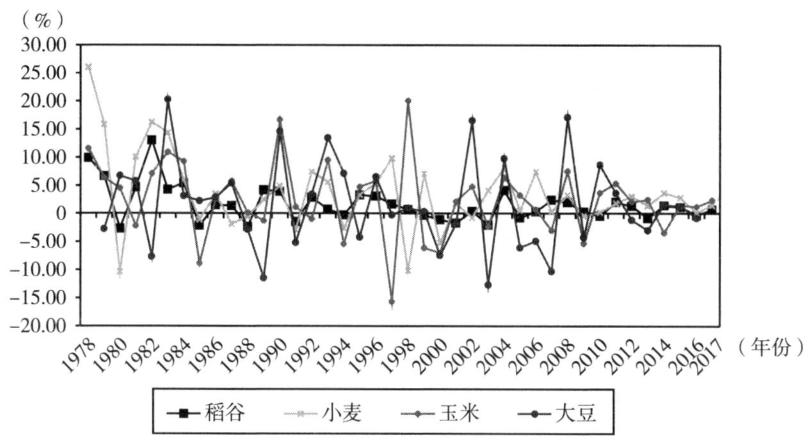

图3-7　1978~2017年我国稻谷、小麦、玉米和大豆的单产变动率

资料来源：国家统计局。

3.1.4　品种结构变动较大

整体来看，1978~2016年我国各粮食作物的产量和播种面积都有增加，但不同作物产量和播种面积的比重仍出现了明显变化。从图3-3和图3-4可以看出，不论是从播种面积还是从产量上看，玉米后来居上，已成为我国第一大作物，而稻谷所占比重则有所降低。另外，从图3－3和图3－4还可以看出，不同阶段拉动我国粮食增产的作物品种不同。20世纪90年代，稻谷增产能力较强，是我国粮食增产的主要拉动力。进入21世纪后，玉米播种面积于2002年超过小麦，2007年超过稻谷，总产量在2012年超过稻谷，成为第一大粮食作物，也成为粮食“十二连增”和粮食产量成功跨越6亿吨的主要动力。从图3－3中还可以发现，三大谷物占粮食总量的比重很高，直接决定了我国粮食的供给水平。2017年其播种面积占粮食总播种面积的82.77%，总产量占91.61%。

3.1.5 生产布局发生明显改变

按照中国工程院《国家食物安全可持续发展战略研究》的分区，根据农业自然资源、生产条件、技术水平和增产潜力等因素，可将我国划分为北方、南方和西部三部分①进行考察。整体来看，我国的粮食区域布局从1978年以来发生了以下两点重要变化。

第一，我国的粮食生产中心逐渐北移，北方省份承担了更多的粮食安全保障责任。在改革开放之初，南方因光热、水土、气候等资源优势，粮食产量占全国总产量的40%以上；而西部由于水土资源相对贫瘠，粮食产量仅占全国总产量的1/4左右。但是，随着南方工业化和城

---

① 北方指黑龙江、吉林、辽宁、山东、河北、内蒙古、河南7个粮食主产省和北京、天津2个主销区。南方是指湖南、湖北、江西、安徽、江苏5个粮食主产省和上海、广东、浙江、海南、福建5个主销区。西部包括宁夏、甘肃、西藏、新疆、山西、陕西、青海、云南、广西、贵州、重庆11个粮食平衡区和四川1个粮食主产省。

镇化的推进，其土地、水资源和人力资源等更多向第二、第三产业倾斜，因此，从图3－8可以看出，南方省份粮食产量在全国粮食产量中所占的比重越来越小，目前已不足30%，而北方各省份则承担了更多的粮食生产任务，粮食生产能力不断提高，在全国粮食产量中所占的比重也不断提高。2017年，北方粮食产量占全国粮食产量的50.08%。

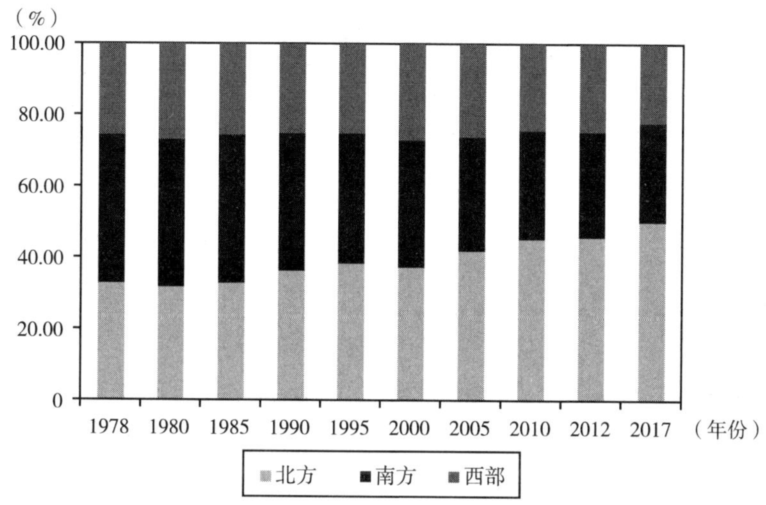

图3－8　1978～2017年北方、南方和西部粮食产量所占比重变动情况

资料来源：根据国家统计局资料计算。

第二，我国的粮食生产集聚效应更加明显，主产区粮食生产能力越来越强。从图3－9可以看出，我国的粮食主产区的粮食产量增长明显，在粮食产量中所占的比重也最大，1978～2017年，我国13个粮食主产区生产了全国70%～75%的粮食。近十年来，我国粮食的增产基本都源于主产区。平衡区粮食产量有所增加，但所占比重变化不大，1978～2017年，平衡区粮食产量翻了一番，但所占比重基本保持在16%～18%。粮食生产区域变化最大的是粮食主销区，其粮食产量降低，在全国粮食产量中所占的比重越来越小。到2017年，主销区粮食生产所占的比重为5.81%，与1978年相比下跌了近8.69个百分点。

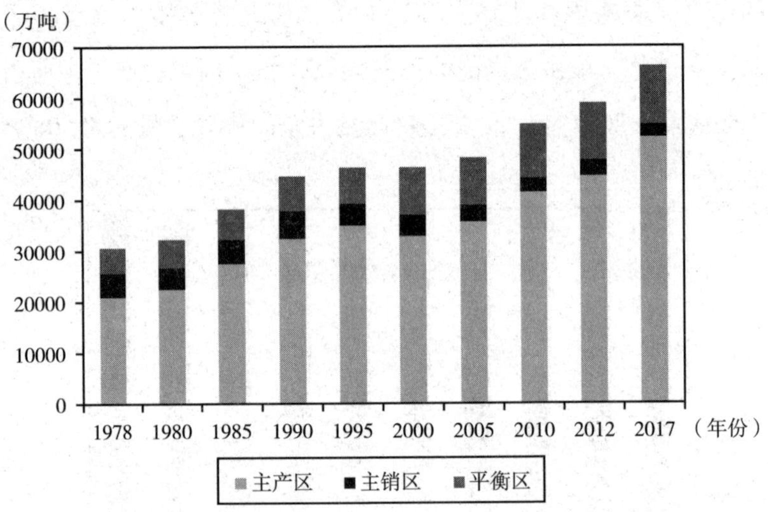

图3-9　1978~2017年我国粮食主产品、主销区和平衡区粮食产量变动情况

资料来源：根据国家统计局资料计算。

3.2　资源情况

党的十八大报告中指出，要坚持走中国特色新型工业化、信息化、城镇化、农业现代化道路，促进“四化”同步发展。“四化”进程中影响粮食生产的因素较多，不仅会影响粮食生产所必需的资源投入，也会影响到粮食生产的外延投入，如生产工具、科技投入和管理方式等。因此，全面分析“四化”对我国粮食生产投入品、种植意愿、经营和管理情况的影响，并系统讨论可能发生的变化，不仅可以定性分析“四化”对我国粮食生产的影响，还能够为下一节的实证分析提供良好的基础。

3.2.1 自然资源性投入品减少

生产投入品充足是粮食生产顺利发展的基础，也是保障我国粮食有效供给的根本条件。但是，现阶段下，随着其他产业的迅速发展和我国整体发展规划的推进，以及工业化和城镇化的加速发展，第二、第三产业与第一产业，特别是第一产业中的粮食产业之间的资源竞争越来越激烈。整体来看，粮食产业在生产资源的竞争中经常处于劣势。

1. 城镇化、工业化压力下耕地资源投入减少

耕地资源是粮食生产的最基础投入品，也是粮食生产的最基础载体，耕地资源投入直接关系到我国粮食的产量和质量。但是，随着城镇化和工业化的发展，建设、居住、交通等各方面的发展不断增加对耕地的需求。虽然我国出台了极为严格的耕地政策，并提出了占补平衡等保护耕地的措施，但是，在城镇化工业化的加速发展期，我国耕地资源不仅数量有所减少，耕地平均质量水平也出现了下滑趋势。另外，由于城镇化的发展和居民生活水平的提高，蔬菜、水果、花卉等非粮食农产品需求的增加，也导致了种粮耕地面积的减少，进一步威胁粮食生产水平。因此，本部分将从耕地数量、质量及其关系三个方面分析“四化”背景下耕地资源的变化及其对粮食安全的影响。

（1）耕地投入数量整体呈现减少趋势。从耕地的绝对数量上看，我国的耕地数量呈现出波动中缓慢下降的趋势。必须说明的是，1996～2012年耕地数量的大幅增加是由于农业普查对我国耕地的清查和统计口径的改变，并不是实际耕地数量的增加。因此，难以对耕地数量进行一个较长的时间序列分析。但是，从表3－1中的耕地变化量和变化率可以大致看出，我国的耕地面积从1978年改革开放以来，在波动中逐步下降。在这种情况下，我国采取了较为严格的土地审批制度，并出台了占补平衡等法规。从年度变化来看，在耕地统计口径改变之前的1978～1995年，我国耕地年均减少336万亩。1996年之后，由于我国城镇化进程加快，建设用地等数量的激增，我国平均每年减少耕地613万亩，几乎是1996年之前的两倍。2014年至今，随着城镇化进程的加快，我国耕地一直呈现出减少的趋势。

表3－1　　1978～2017年我国耕地面积存量和变化情况

年份	耕地面积（万亩）	变化率（%）	变化量（万亩）	年份	耕地面积（万亩）	变化率（%）	变化量（万亩）
1978	149100			1990	143505	0.01	21
1979	149247	0.10	147	1991	143475	－0.02	－30
1980	148958	－0.19	－289	1992	143100	－0.26	－375
1981	148553	－0.27	－405	1993	142650	－0.31	－450
1982	147910	－0.43	－643	1994	142365	－0.20	－285
1983	147539	－0.25	－371	1995	142455	0.06	90
1984	146780	－0.51	－759	1996	195100	36.96	52645
1985	145270	－1.03	－1510	1997	194900	－0.10	－200
1986	144345	－0.64	－925	1998	194500	－0.21	－400
1987	143833	－0.35	－512	1999	193800	－0.36	－700
1988	143583	－0.17	－250	2000	192300	－0.77	－1500
1989	143484	－0.07	－99	2001	191400	－0.47	－900

续表

年份	耕地面积（万亩）	变化率（%）	变化量（万亩）	年份	耕地面积（万亩）	变化率（%）	变化量（万亩）
2002	188900	-1.31	-2500	2010	183628	0.31	561
2003	195100	3.28	6200	2011	183987	0.20	359
2004	183700	-5.84	-11400	2012	202738	10.19	18750
2005	193100	5.12	9400	2013	202745	0.00	7.4
2006	182700	-5.39	-10400	2014	202586	-0.08	-159
2007	182600	-0.05	-100	2015	202498	-0.04	-87.96
2008	182660	0.03	60	2016	202381	-0.06	-116.65
2009	183067	0.22	407	2017	202321	-0.03	-59.57

资料来源：国家统计局、FAO数据库。

另外，耕地数量的变化还可以从人均耕地数量来研究。虽然我国耕地总量在世界上名列前茅，但是如果除以我国庞大的人口数量，人均土地占有量就仅为世界平均水平的一半。图3-10显示了我国土地人均占有量的变化趋势。以统计口径调整后的2012年为参考年份，5年来，人均耕地数量下降趋势明显。

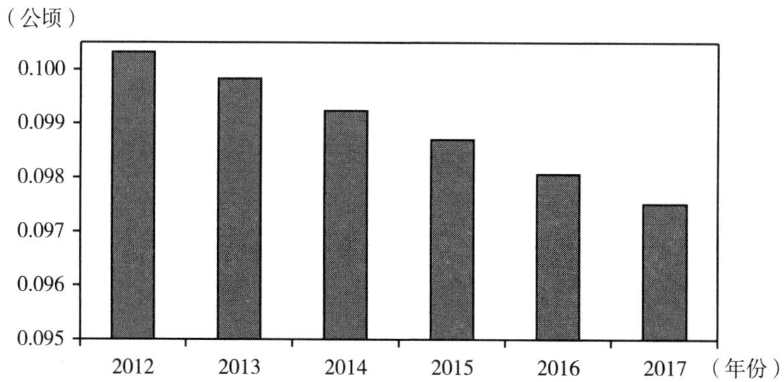

图3-10　2012~2017年我国人均耕地面积变动情况

资料来源：国家统计局。

（2）耕地资源的区域差异大。如果分区域进行观察，不同区域的耕地变化情况又有较大差别。首先，一些在改革开放之初拥有优质耕地的省份由于经济的发展和城镇化的快速推进，丧失了大量的高质量耕地，如沿海的广东、浙江、山东、福建等省份和中西部的山西、湖北等地。这些地区气候条件好，土地肥沃，具有良好粮食生产条件的优质良田中，有很大一部分转为了建设用地或者交通用地，直接影响了该区域的粮食生产能力。其次，我国大部分的耕地增加出现在一些第二、第三产业发展相对滞后的省份或地区。但是，这些省份因为气候或其他原因，粮食生产的资源禀赋优势并不突出，需要增加更多的生产投入品，如黑龙江、内蒙古等省份。因此，在我国耕地数量总体基本平衡的情况下，必须清醒地认识到，我国粮食生产禀赋高的耕地减少、生产力较低的耕地增加的事实。

另外，我国人均耕地的区域差异也非常明显。一些粮食主产省的人均耕地面积在3.0亩以上。如2017年，黑龙江的人均耕地面积达到了6.2亩；吉林省为3.85亩。相比之下，一些有着良好粮食生产禀赋的省份人均耕地面积则不足1.0亩。2011年，浙江省的人均耕地面积仅为0.52亩；广东省的人均耕地面积仅为0.35亩。我国人均耕地不足半亩的县区超过660个。

（3）城镇化和工业化中种粮耕地投入面临长期压力。目前，城镇化和工业化的加速发展给我国耕地带来了更大的需求压力。从长期看，城镇化和工业化进程的推进，将会从以下三个方面给我国种粮耕地带来长期的压力：第一，直接占用。城市的扩建、新城区建设、农村集体经济发展、交通发展都需要占用大量的耕地。第二，种植结构调整。由于城镇化发展和居民生活水平的提高，对农产品多元化的需求日益增加。转移到城镇中的居民对于蔬菜水果花卉等经济作物的需求日益增加，面对这种情况，种粮农民由于比较收益较低而将原本种粮的耕地投入其他农产品的生产中，减少了种粮耕地的数量。第三，质量降低。为了保证我国整体的粮食安全水平，我国东北、华北的粮食主产省面临着不断增产的压力，“北粮南运”成为我国粮食流通的主体趋势。在这种情况下，随着工业化和农业现代化的发展，我国粮食单产能力不断拔高。但是，必须看到，农业科技进步和高产作物增加作用下的粮食增产，在一定程度上“掩盖”了我国很多地区有效耕层日渐变薄、耕地质量下降的严峻现实。

2. 水资源

与耕地资源类似，水资源也是直接影响我国粮食生产的重要因素。虽然我国水资源比较丰富，但是，由于我国特殊的气候条件，我国水资源和粮食耕地资源分布错位，雨热不同季现象比较突出，影响了我国粮食生产中水资源的有效利用，水资源对粮食供给的制约问题日益突出。

（1）我国水资源总量少、分布不均。首先，我国水资源人均占有量和单位面积国土水资源的拥有量都较低。根据《2017 年中国水资源公报》，2017 年，我国水资源总量为 28761.2 亿立方米，在国际上属于水资源比较丰富的国家。但是，如果按照人均水资源占有量来计算，我国 2017 年人均水资源占有量仅为 2074.5 立方米，不足世界平均水平的 1/4。另外，如果考虑我国单位国土面积的水资源拥有量，情况也不容乐观。以《2017 年中国水资源公报》来看，2017 年，我国平均每单位国土面积水资源的占有量仅为世界平均水平的 4/5。

其次，我国水资源和耕地资源分布错位，影响了水资源的有效利用。在我国，水资源分布南多北少，耕地资源也是南方优于北方。但是，20 世纪 90 年代以来逐渐出现了“北粮南运”的趋势，南方的粮食生产出现了较大的滑坡，粮食生产中心北移。南方一些水资源丰富的省份粮食生产规模非常小，而北方一些水资源匮乏的省份却负担了极为重要的粮食生产任务，这无疑进一步加剧了缺水的矛盾。1990 ~ 1998 年我国北方平均每年约有 233.83 亿立方米的水“随粮南运”，接近“南水北调”东、中线调水的总量，约为黄河年均水量的 40%。1990 ~ 2008 年，“随粮南运”的水资源呈持续增加态势，年均增幅为 19.94 亿立方米，2001 ~ 2008 年基本上呈直线上升趋势，年平均增幅为 47.89 亿立方米①。

最后，我国产粮耕地面临因缺少灌溉而产能难以发挥的问题。中国工程院《国家食物安全可持续发展战略研究》的数据表明，我国每年农业生产缺水 300 亿立方米，因干旱缺水每年粮食损失约 200 亿公斤。对于我国北方省份来说，依靠降水并不能够完全解决粮食生产所需的水资源。如表 3 - 2 所示，如果在东北的种植体系中将稻谷考虑进去，那么我国北方的降水满足率可能不足 80%。因此，灌溉面积的发展及其供水保证是影响我国粮食生产的重要因素。图 3 - 11 显示了我国农村改革以来有效灌溉面积与我国粮食生产的相关关系。从图 3 - 11 可以看出，除个别年份因统计口径调整出现异常点外，有效灌溉面积的增加是

① 历年《中国水资源公报》、中国工程院《国家食物安全可持续发展战略研究》资料。

我国粮食生产水平提高的重要保证。特别是2003年以来，我国粮食的“十二连增”与有效灌溉面积的增加呈现出了高度的一致性。

表3－2　我国华北、西北和东北地区粮食耗水、降水量及降水满足率

项目	耗水量（毫米）	降水量（毫米）	亏缺量（毫米）	降水满足率（%）
华北小麦—玉米种植体系	700～900	500～700	200～300	70
西北玉米一年一熟制	400～550	350～500	100～200	75
东北玉米一年一熟制	400～500	400～600	100～150	85

资料来源：中国工程院重大咨询项目《国家食物安全可持续发展战略研究》资料。

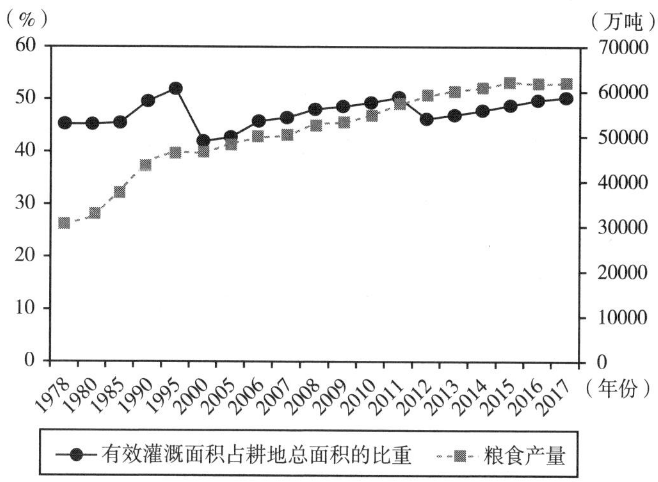

图3－11　1978～2017年我国有效灌溉面积占耕地总面积的比重与粮食产量变动情况

资料来源：根据国家统计局资料计算。

（2）城镇化和工业化中水资源投入面临长期压力。除上述传统问题外，在“四化”加速发展的时期，作为我国粮食生产重要投入品的水资源还面临着新的问题，主要表现在以下三个方面。

第一，工业化的推进和农药、化肥的过量投入在一定程度上污染了水资源，威胁粮食安全生产。在经济的发展和工业化的推进中，由于监管缺位等原因，一些从城市中转移出来的污染型企业以及排污标准不达标的农村集体企业，存在污染农业用水的情况，影响了粮食的产量和质量。另外，也存在因追求粮食高产而过量投入农药、化肥的情况。这种情况下，过多施用的化肥会超过土壤的保持能力，渗入周围的水体中形成农业面源污染，造成水体富营养化，继而破坏水环境。

第二，工业化和城镇化的加速推进带动了生活、工业生产用水的增加，从而挤占了农业用水的空间。从图 3－12 中可以看出，自 1990 年以来，工业、生活和生态用水量的上升速度高于全国供水总量的增长速度，作为水资源消费的大户的农业用水总量却逐年降低，农业用水比重不断下降。20 世纪 90 年代以来，农业用水量基本保持在 3500～4000 亿立方米，与改革开放之初相比有较为明显的下降。农业用水占水资源消耗的比重也显示了农业用水大量减少的趋势。如图 3－13 所示，1979 年以来，我国农业用水的比重呈现出较为稳定的逐步下降趋势，而工业

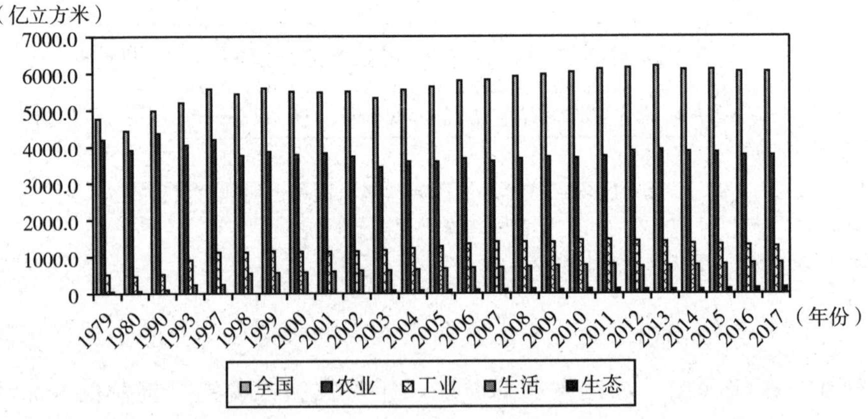

图 3－12　1979～2017 年我国水资源消耗用途变动情况

资料来源：根据国家统计局资料计算。

用水、生活用水以及生态用水的比重则逐步上升，这些在一定程度上都抢占了农业生产用水。可以说，我国粮食的“十二连增”是在“水减粮增”的压力下取得的。

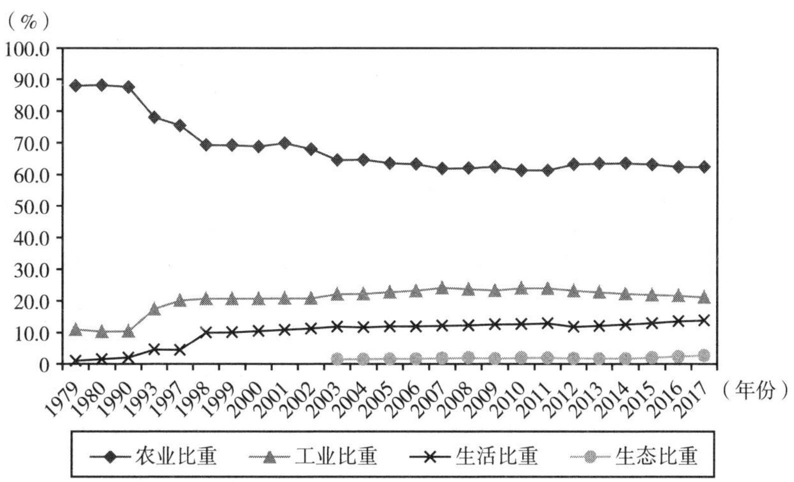

图 3－13　1979～2017 年不同用途水资源占水资源消耗总量变动情况

资料来源：根据国家统计局资料计算。

第三，大量的北方水资源“随粮南运”加剧了我国粮食生产可持续发展的风险。改革开放后，一些东南沿海水资源条件较好的地区出现了粮食生产能力下降快、粮食需求增长多的现象。延续了近千年的南粮北调格局发生了改变，粮食流通系统出现了规模越来越大的北粮南运情况，这意味着相当数量的北方水资源被转运到了本不缺水的南方省份。这种资源错位使得本就水资源紧张的北方面临更大的水资源供求失衡。以华北平原为例，由于多年地下水超采，华北平原已经成为世界上最大的“漏斗区”。对于浅层地下水超采的问题可以通过降水等方法补充，但是深层的地下水补充非常困难，过度超采的地区将会面临地质沉降问题。长此以往，也必然会影响华北平原粮食的可持续生产能力，威胁我国粮食安全水平。

3.2.2 社会资源性投入品变化趋势复杂

1. 人力资源

在我国农村存在大量的剩余劳动力时，劳动力的供给对粮食生产的影响并不明显。但是，随着城镇化和工业化的推进，大量的农村优质劳动力逐渐转移到了城市，脱离了粮食生产，农村出现了种粮劳动力数量减少、质量降低的情况。在经历了30多年的经济高速增长和成功的经济改革之后，坚持认为我国农村仍然有高比例、大规模的剩余劳动力的观点，已经成为缺乏经验证据的教条（蔡昉，2007）。因此，虽然从绝对数量上看，我国农村仍然存在一定数量的剩余劳动力，但劳动力结构上存在明显的供求失衡。

城镇化和工业化背景下，非农产业收入明显高于农业产业，导致农民从事农业劳动的机会成本增加，大量的优质劳动力从农村转移到城市，从事第二、第三产业。另外，即使还有一部分农民仍然留在农业中，但由于种粮的比较收益远远低于种植其他经济作物或者从事养殖业，相当一部分农民放弃了粮食生产而转为种植其他作物甚至退出种植业。我国的很多农村中，留在粮食生产中的劳动力多为女性、儿童或者老人。可以看出，我国粮食生产的劳动力投入不仅面临着数量的减少，还面临着因劳动者自身劳动素质降低而导致的有效劳动投入不足。

事实上，虽然一些地区经济发达、拥有先进农业机械和充足科技投入，但是由于种粮劳动力的变化和转移，这些地区粮食生产一再滑坡、耕地出现大面积的抛荒弃耕。这是因为，在经济相对发达的地区，第二、第三产业发展迅速，吸纳劳动力能力强，吸引了大量的农村转移劳动力，并使得这部分农村家庭的主要收入来源由农业转为非农产业。对于这些家庭来说，农业生产，尤其是粮食生产的积极性迅速降低，粮食生产被逐步兼业化和边缘化。相反，在一些城镇化和工业化滞后的经济欠发达地区，第二、第三产业就业机会少，吸纳转移劳动力的能力有限，农业劳动力转移的难度高，农民种粮的机会成本低。因此，理性的农民就会选择继续留在粮食生产中，粮食生产在一定时间内也就呈现出了一种相对稳定的状态。但是，也必须考虑到，随着我国大范围城镇化的推进和农村劳动力转移的规模扩大，这些经济欠发达地区也会逐步出现农民劳动力的大量外流的现象，使粮食生产受到冲击。

（1）农业劳动力的变化特征。

第一，数量变化。表3－3显示了我国农村劳动力的变化情况。其中，以乡村就业人口表示农村供给的劳动力数量，以第一产业就业人口表示从事农业生产的人口数量。可以看出，改革开放以来，我国农村劳动力的供给数量呈现出了明显的波动趋势，但是真正从事农业生产的劳动力数量却显示出了较为稳定的下降。从农村劳动力的供给数量上来看，20世纪90年代以前，农村劳动力的增长率基本在1%以上，每年新增劳动力稳定在800万人以上。农村劳动力数量在1997年达到最高。但是，随着大量农村劳动力，特别是青壮年劳动力向城市的转移，我国农村新增劳动力数量迅速减少，农村的劳动力供给量大幅降低。从农业劳动人口来看，进入21世纪后，我国农业劳动力出现了负增长的情况，农业劳动数量出现了“九连跌”。考虑从事农业劳动的人口占农村就业总人口的比重，则能够更加清晰地看出我国农业劳动力减少的趋势。1978～2017年，我国农业劳动力占农村就业人口的比重一路下降，呈现出稳定的减少趋势，有相当规模的农村劳动力从农业生产中转移出来，投向了收入更高的第二、第三产业。

表3-3　1978～2017年我国乡村就业人口及第一产业就业人口变动情况

年份	乡村就业人口（万人）	第一产业就业人口（万人）	第一产业就业人员比重（%）	年份	乡村就业人口（万人）	第一产业就业人口（万人）	第一产业就业人员比重（%）
1978	30638	28318	92.43	1998	49021	35177	71.76
1979	31025	28634	92.29	1999	48982	35768	73.02
1980	31836	29122	91.48	2000	48934	36042.5	73.66
1981	32672	29777	91.14	2001	48674	36398.5	74.78
1982	33867	30859	91.12	2002	48121	36640	76.14
1983	34690	31151	89.80	2003	47506	36204.4	76.21
1984	35968	30868	85.82	2004	46971	34829.8	74.15
1985	37065	31130	83.99	2005	46258	33441.9	72.29
1986	37990	31254	82.27	2006	45348	31940.6	70.43
1987	39000	31663	81.19	2007	44368	30731	69.26
1988	40067	32249	80.49	2008	43461	29923.3	68.85
1989	40939	33225	81.16	2009	42506	28890.5	67.97
1990	47708	38914	81.57	2010	41418	27930.5	67.44
1991	48026	39098	81.41	2011	40506	26594	65.65
1992	48291	38699	80.14	2012	39602	25773	65.08
1993	48546	37680	77.62	2013	38737	24171	62.40
1994	48802	36628	75.05	2014	37943	22790	60.06
1995	49025	35530	72.47	2015	37041	21919	59.17
1996	49028	34820	71.02	2016	36175	21496	59.42
1997	49039	34840	71.05	2017	35178	20944	59.54

资料来源：根据国家统计局资料计算。

第二，结构变化。相对于农业劳动，第二、第三产业对从业人员的知识、技能以及身体素质要求更高，因此，最先从农业中顺利转移出来的是受过一定教育并具有较高知识水平的青壮年劳动力。这些劳动力的流失直接影响了农业及粮食生产水平的降低。首先，从受教育水平来看，2017 年农村转移劳动力中，文盲占 1.0%，小学文化程度占 13.0%，初中文化程度占 58.6%，高中文化程度占 17.1%，大专及以上文化程度占 10.3%。同期，我国农村居民家庭劳动力平均文化状况为文盲占 5.5%，小学文化程度占 26.5%，初中文化程度占 53.0%，高中文化程度占 9.9%，大专及以上文化程度占 5.1%（见表 3－4）。可以看出，农业转移劳动力在初中及以上的文化程度中占的比重，高于农村居民家庭劳动力的平均文化水平，属于农村中文化知识水平相对较高的群体。其次，从性别结构来看，农村转移劳动力中男性占 65.6%，女性占 34.4%，而我国目前农业的劳动力中 55.4% 为女性劳动力。可见，我国农村劳动力增速减缓的同时，女性劳动力逐步占据了主要地位。但是，由于农业劳动对于身体素质的要求相对较高，女性劳动力比重过高对于农业发展并不是一个利好的信息。最后，从年龄结构上看，农业转移劳动力以青壮年为主。2017 年，农业转移劳动力中，40 岁及以下农民工所占比重为 52.4%，也就是说，最佳劳动阶段的农业转移劳动力占农业转移劳动力总数的 80%。农业劳动力中具有较好身体素质的劳动力流向了非农产业。可以预见，青壮年农业劳动力在向非农产业转移时仍占有优势，这部分劳动力的转移短期内不会停止，农业生产中出现的老龄化现象还会持续下去。

表 3-4　2017 年农村转移劳动力及农村居民家庭劳动力的受教育水平

单位：%

类　别	文盲	小学文化程度	初中文化程度	高中文化程度	大专及以上文化程度
农村转移劳动力	1.0	13.0	58.6	17.1	10.3
农村居民家庭劳动力	5.5	26.5	53.0	9.9	5.1

资料来源：2017 年全国农民工监测调查报告。

（2）农业劳动力变化对粮食生产的影响。

第一，农业劳动力的变化影响了我国粮食的生产布局。在 20 世纪 90 年代以前，我国属于比较典型的南粮北调，南方粮食生产的自然资源禀赋明显优于北方，粮食生产的劳动力布局也与这一情况相适应。但是，随着城镇化和工业化的推进，南方一些沿海城市的第二、第三产业优先发展起来，吸引了本地和外地的农业转移劳动力。从事非农行业人口的增加带来了商品粮的需求不断增加。同时，这些地区农村种粮劳动力和种粮耕地面积减少，粮食生产能力下降。因此，这些省份不得不从一些粮食主产区大量调粮。而粮食主产区由于第二、第三产业不发达，农业剩余劳动力转移就业机会相对较少，从事粮食生产的农村劳动力相对充足，耕地投入也较多，因而承担了越来越重要的粮食生产任务。随着这种“比较优势陷阱”的不断循环加剧（即发达省份城镇化工业化推进—抢占耕地和人力资源—粮食生产减少、需求增加—商品粮需求增加—主产省承担更多粮食生产任务—城镇化工业化推进受阻—劳动力等资源进一步被发达省份吸引—发达省份人口增加、粮食调入量继续增加—城镇化工业化持续推进），北粮南运的情况越来越普遍，南方一些发达省份的粮食生产能力越来越薄弱，耕地抛荒弃耕，种粮劳动力严重不足，粮食生产的重视程度和积极性降低；而北方一些主产省粮食生产能力被一再挖掘，耕地和水资源过度消耗，影响了长期可持续发展。另外，从农村转移劳动力的输出省份也可以看出其对粮食生产格局的影响。农民工监测报告显示，2017 年，我国农村转移劳动力主要来自中部省份，在这些省份中，除山西和江西外，其他省份都是我国的粮食主产省，转移出去的劳动力大量涌向了经济相对发达、人均纯收入较高的地区。即使一些就地转移的劳动力选择在本地乡镇企业或民营企业就业，也基本都从种植业中转移出来。因此，非农产业发展的就业拉动和劳动力报酬的区域差异是导致我国粮食生产格局发生变化的重要原因。

第二，农业劳动力的变化带动了粮食价格变化。改革开放之初，由于我国农村人口数量众多，部分农村剩余劳动力转移出农业劳动，不仅提高了个人的收入，还提高了农业劳动生产率，带动了其他产业的发展。但是，随着经济的发展，工业部门从农业部门吸引了数量多、素质高的优秀群体，影响了农业部门的发展。例如，2017 年，我国外出务工的农村转移劳动力中，低于 40 岁的青壮年劳动力占到了 52.4%，而同时期的农业劳动力的这一比重只有 32.5%。农业劳动力的变化会从以下三个方面引起粮食价格的上升：一是工资水平的上升引起的粮食生产成本上升。根据刘易斯的二元经济模型和拉尼斯—费景汉模型，经济发展的一个最显著的标志就是劳动力从传统部门向现代部门的转移。在转移的第一个阶段，由于农村大量的剩余劳动力存在，边际生产率为零的纯剩余劳动力的转移不会影响农业部门的产量，农村转移劳动力供给曲线将在高于生存工资的制度工资上呈水平状态；随着工业资本的不断增长和对劳动力的持续吸引，刘易斯拐点到来，即农村劳动力转移完成，劳动力过剩现象消失，继续的转移将造成农业部门生产受到影响，劳动力实际工资持续上升。这时，农村劳动力（尤其是农村优质劳动力）从粮食生产中转移出来会直接影响粮食生产。同时，由于实际工资的增长，种粮农民的机会成本上升，也拉升了粮食的生产成本，从而抬高了粮食价格。二是资本价格上升带动的粮食生产成本上升。种粮劳动力减少和规模化经营的逐步推进，引起了机械化水平上升，加速了资本对劳动力的部分替代，如果此时机械化的成本没有降低到一定范围内，也会带动粮食生产成本上升。三是粮食生产者减少而消费者增加引起的需求拉动型粮价上升。由于大量劳动力转移到了城市，他们从粮食的生产者变成了纯粹的消费者，引起了商品粮需求增加，带动了粮食价格上升。

第三，劳动力资源的变化影响了我国粮食的有效播种面积。2003年以来，农民外出务工者的工资有了大幅度提高，外出务工收入成为农民增收的重要因素。但是，外出务工工资的上升抬高了劳动力的机会成本。农村劳动力在农业投入上得到的收益如果达不到在城市打工劳动力的最低价格（也就是农业劳动力的影子价格），农民宁可选择被动闲暇。这是因为，农民为闲暇支付的成本只是劳动力在农业上的收入，而享受闲暇时得到的是以外出务工的劳动力价格计算的收益。这个规律解释了我国在耕地短缺的情况下仍有大量农地弃耕撂荒的现象。随着工业化和城镇化的发展，我国农村劳动力外出打工收入日益增加，使粮食生产的机会成本增加，农民往往选择从事非农产业，或是农业产业中的非粮产业来获得更高的收益。一些受到其他条件限制而只能从事粮食生产的农民则选择减少劳动投入来降低生产成本。所以，在工业化进程中农业剩余劳动力的转移对粮食生产和粮食供给有很明显甚至是很突出的负面影响（刘怀宇等，2009）。

第四，农村劳动力的转移也给我国粮食生产带来了正面的影响和发展机遇。在城镇化的影响下，我国粮食产业从业人员数量的减少为规模生产和农业机械的大面积使用提供了机会。在以上两方面的影响下，我国粮食生产经营主体发生了新的变化，出现了种粮大户、专业化服务组织、农民专业合作社等新型生产经营主体。农业部种植业司2013年对全国种粮大户和粮食生产合作社的调查显示，截至2013年，我国共有种粮大户68.2万户，占全国农户总数的0.28%；经营耕地面积1.34亿亩，占全国耕地面积的7.3%。这些种粮大户的粮食产量达1492亿斤，占全国粮食总产量的12.7%。全国共有粮食生产合作社5.59万个，入社社员513万人；经营耕地7218万亩，占全国耕地总量的4.0%；这些粮食生产合作社粮食产量971亿斤，占全国粮食总产量的8.2%。这些新型的生产经营主体一般具有较高的规模化、专业化和商品化程度。在新技术的使用、推广、示范以及确保粮食综合生产能力方面发挥了积极的带动作用，并且具有较高的抗风险能力和较强的议价能力。

2. 资金

我国的农业正处于由传统农业向现代农业的转型期，农业的劳动密集型发展模式逐渐向技术密集型和资本密集型转变，而后两种发展模式的生产要素科技含量高，购买这些要素所需的资金远远超过了传统的生产要素，使农业发展对资金的需求日益增加。对于粮食生产来说，资金投入直接影响粮食产业的发展模式。传统的粮食生产以劳动密集型为主要发展模式，对于资金投入的要求较低。而现阶段，资金更多地流向增加科技投入、提高农业生产资料质量以及改良农业生产工具，因此，在农业现代化的带动下，粮食生产更多以资本密集型和技术密集型为主要发展模式。另外，资金投入还影响到粮食生产的各个环节。市场化和商品化的影响下，现代粮食产业的发展已经无法像传统农业一样，在小农模式下进行简单的再生产，而是需要大量的科技投入和资本投入。而资本投入又直接受农业资金投入的影响。现阶段，不仅在购买种子、化肥、农药等生产资料时需要农业资金的投入，农田基本建设和农业科技的研发以及推广，高效农业以及涉农企业的生产、加工、销售等环节都对农业资金有大量的需求。

可以按照来源将资金分为以下三个部分研究农业资金对粮食生产的影响，即农户自身积累的资金、商业性资金和国家政策性资金。农户自身积累的资金随着劳动力的转移发生的是双向的流动，即一部分资金随着劳动力转移到城市中，脱离了农业生产，投入到了资本收益率较高的其他产业，然而，由于农村转移劳动力真正融入城市还存在一定的困难，农村资金转移到城市中非农产业情况并不多，农户自身积累的资金更多的是选择留在农村，但是转移出农业生产，尤其是粮食生产。当农民通过各种途径积累了资金后，受高资本收益率的影响，他们更多选择购置不动产或者投入小型零售或经济作物种植。可以推测，如果仅靠农民自身的资金积累，在不加以引导和鼓励的情况下，流向粮食生产的资金会越来越少，最终影响我国粮食生产水平的提高。商业性资金对粮食生产的投资更多是选择对良种、化肥、农药和农机等利润较高的生产资料的投入。这些资金的投入提高了粮食生产的科技含量，挖掘了粮食生产能力，但是在一定程度上抬高了粮食生产成本，影响粮食价格。国家政策性资金的关注范围比较广泛，一般涵盖农田水利等基础设施建设、农业新技术的研发与推广、农业生产补贴、粮食储备和收购等。由于政策性资金带有重要的导向作用，不仅能够撬动更多的社会资本投入，而且能够填补一些非营利性的或者资本回收期较长的投资领域，对于我国的粮食生产起到了重要作用。

3. 生产机械

改革开放以来，在工业化和农业现代化的带动下，我国农业机械化发展较快。到2017年底，我国农业机械总动力达到9.88亿千瓦，为1978年的8.41倍（见图3-14）。大中型拖拉机及配套农具、高性能联合收割机、水稻插秧机等继续保持较高增幅，大马力、高性能、复式作业机械保持较高发展速度（宗锦耀，2009）。2017年全国农作物耕种收

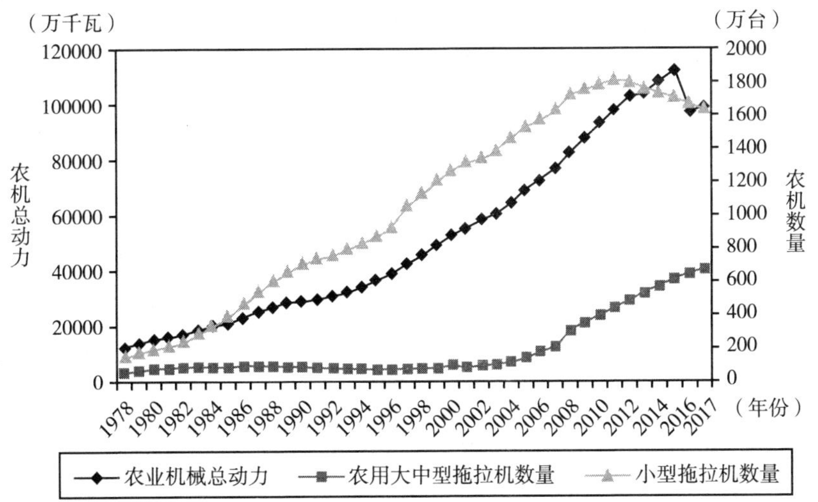

图3-14　1978~2017年我国农用机械变化情况

资料来源：国家统计局。

综合机械化率达到66%以上，全国农机总动力接近10亿千瓦，亩均动力约为0.38千瓦，已由“农业机械化”逐步向“机械化农业”转变。机械化生产的发展，有效提高了劳动生产率和农业抵御自然灾害的能力，加快了农业生产进度。

粮食耕作的机械化是我国农业机械化发展水平的突出代表。目前来看，我国的小麦生产已经基本上实现了机械化，稻谷和玉米的机械化程度也在逐步提高。当前我国粮食生产的机械化已进入中级发展阶段，粮食生产方式已经基本由依赖人畜力为主转为依赖机械作业为主。

生产装备机械化对粮食综合生产能力和粮食生产效率以及粮食供给能力的提高具有明显的拉动作用，主要表现在以下四个方面。

第一，机械取代人力和畜力，提高了粮食的生产效率，一定程度上减缓了粮食产业的萎缩。在小麦生产中，小型耕整机耕地的效率是畜力耕地的5倍；在水稻生产中，机械插秧是人工插秧效率的10倍左右。而大中型农业机械进行耕整地、精量播种、收获作业的效率则可以达到人工的40倍以上。在种粮劳动力大量外流的情况下，机械对人力的替代有效稳定了粮食产业的发展。此外，在面临恶劣环境和极端天气时，农业机械在能够抓住农时抢收抢种，还能够在抗灾减灾等方面发挥重要作用。因此，农业机械化能够提高粮食生产效率，缓解季节性劳动力短缺的矛盾，保障粮食生产的稳定发展。

第二，机械化生产工具的大量投入，可以有效增加粮食单产。在粮食生产中，农业机械化有利于先进农业技术和方法的使用，提高粮食的产量。农业机械的投入可以有效减轻人工的劳动强度、作业成本，并能提高生产作业的质量，而这些都有助于提高单位面积粮食产量和收益，刺激农户的种粮积极性。如大型机械的广泛使用推广了小麦垄作播种、联合收获、秸秆还田等技术，这些技术不仅提高了产量，还减少了水资源消耗。

第三，促进了大规模的农田基本建设。大规模的农田基本建设（如农田的维护和改造、农田水利设施建设等）无法完全依靠人工来完成，必须依靠农业机械。另外，对于一些可以开发的荒地、非农业用地的复耕等作业也都要依靠农业机械来完成。因此，农业机械化在整合和提高粮食生产资源方面发挥着重要作用。

第四，降低生产成本。随着农村劳动力的大量转移和劳动力成本的提高，机械作业在投入时间、劳动效率上都展现出明显的优势。例如，水稻机插秧效率是人工插秧的20倍左右，亩均降低成本30元、增产50斤以上，且抗病虫害、抗倒伏性好；小麦主产区县域内的收割时间由半个月缩短为一周左右，联合收割机作业与人工收割相比可降低5%~8%的粮食损失；机械施肥、高性能植保机械喷药分别可节省40%的化肥、35%的农药；干旱地区使用机械进行保护性耕作，平均增加土壤蓄水量17%，提高粮食产量14%。①

3.2.3 农户生产意愿降低

1. 高成本和低收益是导致种植意愿降低的主要原因

第一，粮食生产成本高。其一表现在粮食生产投入品价格高。粮食

① 山东省农业厅访谈资料。

生产所需的农资价格和用工成本上涨过快，特别是化肥、农药的价格涨幅过大，单个的种粮农户没有能力与农资厂商进行价格博弈，粮食生产成本被抬高，农民的种粮积极性受挫。同时，由于农资供求市场化程度高，价格反应灵敏，但粮食市场没有实现完全的市场化，且其具有消费价格弹性大于供给价格弹性的特殊特征，因此，粮食价格难以真实反映其生产成本变化，常常出现农资价格上涨吞噬粮食利润的现象。这种农资价格强势和粮食价格弱势的情况严重影响了农民的种粮积极性。因此，在粮食价格不易出现明显上涨的情况下，"理性"的种粮农户会选择其他方式降低生产成本，例如双季改为一季、粗放经营、"靠天吃饭"或直接抛荒弃耕。其二表现在机会成本高。从事粮食生产的机会成本升高主要表现在两个方面：一是人工投入的机会成本上升。工业化和城镇化的推进，城镇就业机会增加吸引农村转移劳动力参与非农业劳动，而这些劳动的工资水平远高于种粮收益。二是土地等其他生产资料的机会成本上升。由于我国居民可支配收入水平的提高，肉蛋奶等畜产品和蔬菜、水果、花卉等经济作物产品的需求日益旺盛，而这些产品的收益也远远高于生产粮食。在以上两因素影响下，种粮的机会成本抬升，抑制了农民种粮的积极性。现阶段，农民种粮的目的首先是满足自身消费，而非提供商品粮。因此，很多种粮农户一方面将优质劳动力投入其他生产，以家庭中的老人妇女儿童替代粮食生产；另一方面将很多生产要素转移到其他产业，以降低种粮机会成本。

第二，种粮收益低。粮食是一种特殊的商品，不可能完全市场化，国家需要在粮食生产上平衡不同群体和不同阶层的需求，以维持整体经济社会的平稳运行。虽然粮食价格上涨能够带动粮农的收入，刺激他们的种粮积极性，但是粮食价格的上涨又容易导致城市低收入群体生活困难，引发物价上涨和通货膨胀压力。因此，我国的粮食价格一般较为平稳，上涨幅度很小，很难“随行就市”。相比而言，其他一些经济作物和畜产品，则能够较为直接迅速地反映供求状况，带来高利润收益。因此，很多种粮农户因收益过低而退出了粮食生产。

2. 种植意愿降低对粮食生产的影响

第一，种植意愿降低给粮食生产带来了负面影响。其一，个体粮农的产量降低。除一些人均耕地面积较大、已初步实现规模经营的省份外，在人均耕地面积较小的省份，很多农户已经不再以出售粮食为主要收入来源，他们种粮的主要目的是满足家庭消费。与20世纪80年代中期相比，除一些种粮大户外，很多小型种粮农户的可售余粮数量大幅降低。其二，粮食生产的复种指数下降，很多农户将双季改为单季。个别极端的行为还有将耕地彻底抛荒弃耕，家庭粮食消费完全依靠商品粮。很多农户在粮食生产上追求的是现金收益和生存保障的平衡，他们种植粮食作物是为了保证其生存消费，而种植其他作物或者从事其他产业则是为了追求现金收益的最大化。因此，除非粮食生产能够将现金收益和生存保障统一起来，否则，这种粮食生产“兼业化”或者“副业化”的情况仍不可避免。其三，粮食生产要素转移到了其他产业。根据本节之前的分析可以得出，受粮食生产成本收益率低的影响，很多农户将原本用于粮食种植业的投入（包括人力资本投入、耕地资源投入和资金投入）转移到其他生产中，以换取替代性的高收益。从劳动力资源来看，很多种粮农户选择脱离农业生产外出务工经商，将粮食生产的任务留给家中难以转移的、种粮机会成本较低的劳动力；从耕地投入看，大部分种粮农户会选择保留农地的承包经营权，将耕地租赁出去，或者在原有耕地上种植其他附加值更高的经济作物，如蔬菜、花卉、水果等，减少种粮的耕地资源投入。从资金投入看，为了追求较高资本收益率，农户更倾向于将资金投入小型商业或者运输业等，而选择将资金投入粮食扩大再生产的农户比例非常小。总之，由于农户选择追求货币收入的最大化行为，各类要素大量从粮食生产中脱离出去，粮食产业退化趋势愈加明显。

第二，种植意愿降低给粮食生产带来了正面影响。事实上，农户种粮意愿的改变给我国粮食生产带来负面影响的同时也给我国粮食生产带来了转型发展的契机。随着城镇化和工业化的推进、农村劳动力向城镇的转移、我国土地政策的调整以及农村土地流转步伐的加速，我国农业规模化经营程度提高，传统粮食生产方式向现代农业方式转型的趋势明显加快，主要表现为农地经营规模化、集约化水平提升。它们对粮食生产的积极影响主要表现在以下两个方面。首先，粮食的规模化经营带动粮农的增收。据研究（戴魁根等，2007），户均粮食耕作面积在 1 公顷以上时，农民才会稳定发展粮食种植业。单个劳动力耕作面积达到 1.67 公顷，单个农户耕作面积达到 3.33 公顷时，种粮收益才可以与外出务工收入相当。而超过了这个数值后，农民种粮的平均成本和边际成本都会大幅下降，抵御风险能力提高，种粮货币收入高于外出务工，农户的种粮积极性提高。其次，粮食的规模化经营带动了生产机械化的发展。由于农村青壮年劳动力的减少，不少农户选择将土地租赁出去，使得原来一家一户的土地能够连成片，为大型农业机械的使用和统一管理提供了可能，从而大幅度替代并减少劳动力投入，推动了粮食生产方式的现代化。这不仅有利于我国粮食生产的机械化、规模化、标准化和产业化发展，也有利于将更多的农业剩余劳动力转移到其他非农产业，带动我国城镇化和工业化的进一步发展。

3.3 国内流通现状

我国是一个发展中的大国，粮食不仅过去是现在也依然是一种具有战略性的特殊产品。粮食问题始终都是需要优先考虑的战略性问题。粮食流通在整个粮食产业中占据了非常重要的地位，连接了粮食的生产端和消费端，在确保国家粮食安全和促进国民经济又好又快发展方面发挥着十分重要的作用。“十二五”规划实施以来，我国粮食流通产业一直处于重要的战略机遇期，国家强农惠农政策力度不断加强，同时我国粮食消费结构也在不断升级，为粮食流通提供了广阔的空间。随着科技进步和粮食流通体制改革的深化，我国粮食流通发展进程不断推进。但是我国粮食流通产业仍然面临着多重挑战，由于国际国内市场联系更加紧密，国际市场粮食供求和价格变化对我国国内粮食市场的影响加大，我国在保持国内粮食市场和价格基本稳定方面难度加大，价值粮食市场监管力度不足，转变流通方式的要求愈加紧迫。

3.3.1 粮食流通体制现状

长期以来，尽管粮食流通体制经历了一系列市场化改革措施，但仍然显现出行政化的趋势，市场机制在资源配置中仍然处于辅助补充地位，从 1996 年秋粮上市起市场粮价出现下降，1997 年粮食供大于求的矛盾更加突出，农民种粮积极性严重受挫；国有粮食企业亏损严重，在农业发展银行的亏损挂账达 1500 亿元；国家财政负担日益沉重，中央财政仅 1997 年用于粮食方面直接支出达 292 亿元，一些粮食主产省区如黑龙江、吉林、内蒙古等地方财政困境尤其突出。此外，中央和地方粮食调控职责不明晰，地方政府出于自身利益考虑，其措施往往与中央调控目标背道而驰。为此，1998 年以来，我国开始探索实行粮食购销市场化改革。

1. “三项政策，一项改革”阶段（1998～2000 年）

1998 年 5 月，国务院下发《关于进一步深化粮食流通体制改革的决定》，明确要求粮食流通体制改革必须坚持“四分开，一完善”的原则，即政企分开，中央与地方责任分开，储备与经营分开，新老财务挂账分开，完善粮食价格机制。1998 年 6 月，国务院召开全国粮食购销工作电视电话会议，强调深化粮食流通体制改革的重点是实行“三项政策，一项改革”，即国有粮食购销企业按保护价敞开收购农民余粮，粮食收储企业实行顺价销售，农业发展银行收购资金封闭运行，加快国有粮食企业自身改革。与此同时，国家在有关立法方面也做了大量工作，如国务院分别于 1998 年 6 月、8 月发布《粮食收购条例》《粮食购销违法行为处罚办法》等。2000 年，决定组建中国储备粮管理总公司，对中央储备粮实行垂直管理，以增强政府对粮食市场宏观调控能力。然而，在粮食产量持续多年供大于求的背景下，“三项政策”实施效果没能够完全达到预期目标，主要表现在：一是仓容矛盾突出，敞开收购缺乏必要的基础条件；二是农村私商活动频繁，价格低收低走，管理难度大，使收购价格、经营费用高的粮食企业所收购的粮食无法实现顺价销售；三是国有粮食收储企业收购业务量大、面广，人员数量有限，不能及时入户收购，也就无法掌握全部粮源；四是人为地干预粮食市场的均衡价格，造成粮食市场价格信号扭曲，很可能误导农民生产，盲目调整粮食种植面积和结构。

2. “放开销区、保护产区、省长负责、加强调控”阶段（2000~2004年）

从2000年新粮上市起，北方春小麦、南方早籼稻、江南小麦、长江流域及其以南地区的玉米退出保护价收购范围，并采取措施拓宽上述粮食品种收购渠道，对于未退出保护价收购范围的地区要进一步加强市场管理工作。2001年，浙江、上海、广东、福建、海南、江苏、北京、天津等8个粮食主销区以及部分产销平衡区放开粮食收购市场，一些主产区也放开了部分粮食品种的收购，如湖北省2000年除了中晚籼稻外，其他粮食品种都退出了保护价收购范围。

3. “放开收购市场，直接补贴粮农，转换企业机制，维护市场秩序，加强宏观调控”阶段（2004年至今）

2004年5月，《国务院关于进一步深化粮食流通体制改革的意见》明确要求，从2004年全面放开粮食收购市场，实行“放开收购市场，直接补贴粮农，转换企业机制，维护市场秩序，加强宏观调控”的政策，转换粮食价格形成机制，积极稳妥推进粮食流通体制改革，实现粮食购销市场化和市场主体多元化。此外，国家从2004年起对重点地区、重点粮食品种实行最低收购价政策，逐步在全国范围内取消除烟叶以外的农业特产税、牧业税、农业税、屠宰税，还对种粮农民实行粮食直补、良种推广补贴、农机具购置补贴、农资增支综合直补等，2008 年 2 月、3 月国家连续两次提高粮食最低收购价水平，有力地促进了粮食生产的发展。

在经过这一系列的改革之后，我国在粮食流通领域获得了一定成就，彻底打破了传统计划经济时期高度集中的粮食流通管理体系，逐步建立和完善了适应社会主义市场经济体制的粮食流通体制，国家宏观调控下的粮食价格体系逐步形成。从 1978 年到 2006 年，粮食收购总额中价格形式比重不断变化，政府定价和政府指导价格的比重从 94.4% 不断下降到 2.9%，而市场调节价格则从 5.6% 不断上涨到 97.1%，成效显著。

3.3.2 流通主体发展状况

农产品流通主体指的是通过参与农产品流通来获得一定利益的个人或组织，具体包括农户、中间人、农业相关企业和农业合作社等。这些主体均在农产品流通过程中发挥了重要的作用。但从整体层面看，我国流通体系中流通主体的层次仍然较低，竞争力不足的状况严重。

1. 农户

由于我国当前农产品生产主要是以农户一家一户的形式生产，因此每个农户都成为最基本的生产和流通单位，在整个农业生产链条中处于前端地位。随着我国工业化和城镇化进程的不断推进，越来越多的农村劳动力不断进入城市，农村劳动力数量不断下降。根据《中国统计年鉴（2018）》，自2009年开始，城镇人口比重在以稳定的速度水平不断上升，到2017年已经达到58.52%，到2017年末，农户人口数已经减少到57660.5万人，减少比例达到21.1%，在不久的将来，我国产业还会继续发展并且升级，但农户作为我国农产品流通主体局面短期内不会轻易改变。

单个农户为基本生产单位的模式存在较多缺点。首先，农民受教育水平较低，生产环境单一且封闭，缺乏与市场环境联系的能力，信息不对称情况严重，在农产品生产状况决策上经常依照经验行事，如根据上一期农产品价格决定下一期农产品种植量。因此，农产品生产产生了周期性，农产品市场产生波动，农户增产不增收现象时有发生。其次，由于规模小，资金不足，缺乏农产品议价能力，农户往往被农产品流通收购企业剥削，农民利益受到损害。

2. 农业中介人

粮食流通中介组织常年来往于农产品生产和消费市场，对粮食市场价格和行情信息掌握较为准确，将粮食生产市场和消费市场联系起来，一定程度上缓解了粮食市场信息不对称的情况，并且通过与农户的接触，使农户获得一定的市场信息，某种程度上对农户进行了生产的产前指导，避免了些许经济损失。

目前来说我国粮食中介人已经达到600万人以上，从事着各个品种之间的流通工作，规模和资金都较为分散，因此在粮食中介人的作用下所发生的粮食流通量也较少。并且许多粮食中介人、中介组织并无规范的章程制度，管理松散，约束机制不健全，这种情况下的农产品流通效率较低。现今我国农产品逐步进入国际市场，农产品流通问题更需要有效解决。

3. 农业合作组织

在粮食流通领域的农民合作组织是指一种具有合作经济本质特征、能够进行农产品销售的组织形式，以农民为主体，以提高组织成员收益为目标，以自愿为原则进行组合，其中专业合作社组织的利益返还机制对农户具有吸引力。2005 年农业部的统计数据显示，农民专业合作社的平均成员获得盈余返还和股金分红约为 400 元/年，加入合作社后成员年均增收大约 500 元。农民专业合作组织已经成为当前农户增收的主力军，它整合了农产品市场主体，提高了普通农户组织化水平。根据国家市场监督管理总局的统计数据，2016 年全国登记在册实有农民专业合作社 179. 4 万户，2017 年 201. 7 万户，到 2018 年合作社数量增长到 217. 5 万户，合作社数量显示出不断增长的趋势。流通领域的农民合作社组织能有有效增加农户的议价能力。解决一部分流通问题，也是当前农户实现增收的有效途径之一。

但是，当前我国农民专业合作社仍然存在一部分问题。由于缺乏专业法律指导，农民专业合作社的组织发展不规范。从社会层面来看，整个社会对农民专业合作社的认知不足，导致组织自身发展缓慢。目前来说我国农民专业合作社发展规模仍然较小，其中成员规模在 50 人以下的合作社占到了总合作社数的半数之上。农民专业合作社内部管理相对较为松散，约不到半数的农民合作组织没有建立运作章程，制度不全，管理不规范。

4. 农业企业

农业企业是指有资金、有技术的企业通过各种方式控制或参与所经营农产品流通活动所有流程的一种产业化组织方式。提高农产品质量、降低企业成本是农产品企业的目标，相应在粮食流通中的相关企业目标也一致。在粮食流通中，农业企业起到了重要的作用，根据其市场网络和销售渠道进行农产品销售和经营，提高了粮食流通过程中的附加值。到2004年底，相关农业企业的数量已经达到11.4万个，销售总收入为14261亿元，农户在农业产业化经营中平均增收1202元/年，比2000年增加了302元。

但是，目前的农业企业仍然规模较小，实力不足，缺乏科技创新能力。在农业产业化过程中，农业企业起着重要的作用，农户是产业化的核心单位，但是当前的农业企业与农户之间的连接关系松散，缺乏内在的利益机制支撑，产品质量难以保证。同时，由于意识不足，农业企业的管理机制不完善，自身经营存在较多问题。

3.3.3 流通格局

我国地域辽阔，人口众多，东西相距5200公里，南北相距5500公里，气候条件复杂，横跨热带、亚热带、温带和寒带等多个气温带，各地的气候和区域土地资源禀赋差异较大，形成了我国农产品生产地点和消费地点之间有规律的流动。又由于我国近几年的城镇化水平不断提升，各地经济出现大幅度的变化，农产品的流通状况也产生了较大变化，从我国近些年的农产品的生产区域分布来看，各种农产品开始出现产业化集中的趋势，已经逐渐形成了具有明显区域化特点的生产格局，粮食生产越来越向13个粮食主产区集中，且粮食生产进一步向东北地区和中部地区集中，大多数集中化生产的粮食品种产量已经达到全国的70%以上，个别品种区域产量已经达到全国产量的100%。粮食流通格局也逐步从“南粮北运”转向了“北粮南运”，并且有越来越多的省份加入进来，现在的粮食流通具有了明显的长距离特点。从国内粮食流通的实际情况来看，“北粮南运”和中国粮食流通体系一定程度上决定了我国的粮食安全问题。

3.3.4 流通载体

1. 基础设施

新中国成立以来，我国十分重视基础设施建设。经过多年的建设，我国基础设施得到了快速发展，基本上形成了水陆空为一体的交通网络。交通基础设施同时也是农产品流通重要的载体，是连接起粮食生产和消费的纽带。但是在生产过程中的储存等设施也非常重要，我国目前冷链物流发展仍然较慢，目前我国大约拥有4万辆保温车和冷藏车，占货运汽车的比例仅为0.3%。现代农产品所需要的冷冻货仓和物流设施缺乏，严重影响了农产品流通效率，粮食流通过程中的损失较大，流通成本居高不下，影响了农产品终端价格，进而影响农户增收。

2. 农产品批发市场

农产品批发市场作为农产品现货交易的场所，集商流、物流、信息流于一体，对农产品流通效率和国民经济发展具有重要的促进作用，同时也是商品集散、信息传递和价格形成的重要市场载体。2010 年 10 月，农业部和商务部签订《合作协议框架》，提出要加强农产品流通，重点支持主产区和关键流通节点的大型专业化农产品批发市场建设。

我国农产品批发市场起步较晚，但是发展迅速，近几年，国家加大了对农产品批发市场建设和改造的投入，2005 年以来，大型农产品专业批发市场快速发展，6 年间增长了 38. 82%，摊位数增长了 39. 65%，这些专业批发市场营业额和营业面积也在不断增长，我国农产品批发市场逐渐向大型化、规模化的方向发展。但仍存在一些问题，比如批发市场布局不合理，大多数农产品批发市场仍然是简易的露天大棚等。

3. 农产品销售市场

粮食销售端是指粮食到达消费者完成交易的最终端，是粮食与消费者直接接触的交易场所，我国目前主要的农产品销售终端形式有农贸市场、超市、社区零售店、电子商务销售等。

我国是世界上最大的农产品生产和消费国，粮食、肉类、蔬菜等产品产量位居世界第一。而我国的粮食消费市场发展较好，几乎每个村庄都有对应的粮食零售市场，仅在 1998 年，我国统计在册的 1865247 个行政村中，就有至少 200 万个农产品零售市场，可见我国的农产品销售体系覆盖面相对较广。

3.4 粮食国际贸易现状

粮食贸易是调节粮食供需水平的重要方式和手段，粮食安全和国家经济发展状况都会直接影响粮食贸易政策和发展情况，同时粮食贸易的变化也关系着粮食安全水平的高低，利用粮食贸易实现国内的粮食供给均衡同样是保证粮食安全的重要措施。由于消费结构不停变化，因此任何一国都不可能做到完美平衡粮食供需，必须借助粮食贸易进行调节。

3.4.1 粮食

自新中国成立以来，我国粮食贸易从小到大，从弱到强。随着贸易规模的不断增加，粮食贸易对我国粮食安全的作用越来越明显。我国粮食产业在需求和供给方面均出现了结构性问题，粮食品质有待提升。此外我国粮食出口能力处于下行趋势，在国际贸易中难以赚取利润，这对我国粮食经济是不利的。我国粮食进出口贸易一度呈现非常显著的波动趋势。我国粮食贸易在 20 世纪 60 ~ 80 年代以净进口为主，出口在波动中略有上升。90 年代粮食进出口贸易波动频繁，净进口和净出口的现象交替出现。21 世纪以来，我国粮食进出口贸易先呈现出由净出口变为净进口，出口值在达到 2003 年的峰值 2201 万吨之后，就开始持续下降；进口值则持续增长，于 2015 年达到峰值 3271 万吨。

在过去的时间里，我国发生了翻天覆地的变化，粮食需求、供给和贸易都产生了较大的变化。我国近几年来是粮食进口大国，进口量目前居于世界第一，随着我国经济发展和人口增长，粮食缺口会不断增加。自从2001年我国加入世界贸易组织（WTO）以来，我国农产品出口面临着重重机遇和挑战，我国政府也在不断扶持农业生产和贸易，提高农产品的质量，也促进了我国粮食出口的发展。下面以几种典型粮食作物为例对我国粮食进出口现状进行分析。

1. 小麦进出口情况

我国小麦进口变化较大，1998～2014年我国小麦进口量整体上大于出口量，但是进口量变化波动较大，2004年达到726多万吨的高峰，之后又下降到2008年的最低峰3万吨，之后又开始缓慢上升，经历了2014年的下降之后到2016年都处于缓慢上升态势（见图3-15）。

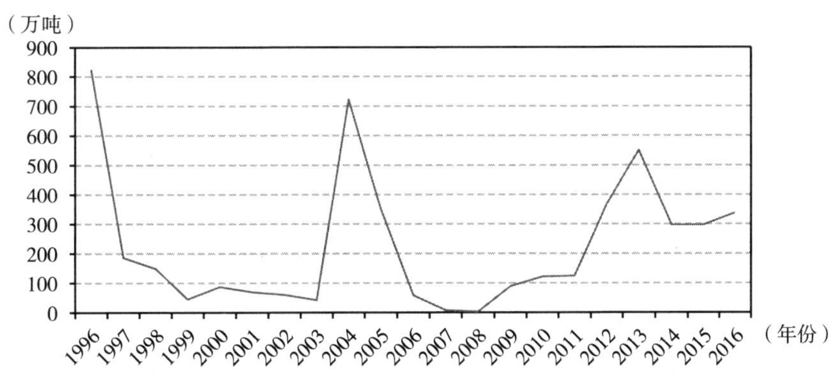

图3-15　1996～2016年我国小麦进口变化情况

资料来源：联合国粮农组织（FAO）。

从图3-16可以看出，我国小麦出口经历了两个阶段的快速上升，也经历了两个阶段的快速下降，在2007年达到近几年来的最高峰233

万吨。近几年我国的小麦出口呈现停滞状态，但仍有少量出口，出口对象主要为印度尼西亚、马来西亚等东南亚国家。

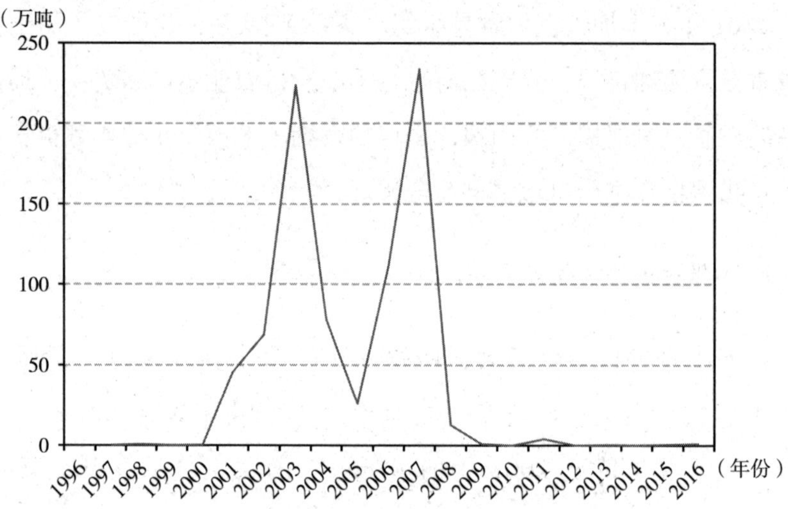

图 3-16 1996~2016 年我国小麦出口变化情况

资料来源：联合国粮农组织。

2. 大米进出口情况

中国是世界上最大的水稻生产国和消费国，2010 年之前我国始终是水稻净出口国，主要出口到亚非地区。根据 FAO 数据显示，1998 年我国的水稻出口量占全球 14%，是全球第四大水稻出口国。但从 2010 年开始中国成为水稻净进口国，主要从越南、巴基斯坦、缅甸等国进口，并且进口额呈现增长趋势。大米在 1999~2003 年间连续减产，出口量急剧下降后又有所回升，2007 年回升到顶峰 307 万吨。近些年出口量下降严重，出口对象仍然是东南亚等国家。

3. 玉米进出口情况

2012年，在我国玉米总进口量中，来自美国、缅甸、老挝三国的进口占到了99%，因此我国玉米进口国家较为集中。根据FAO数据得出，我国的玉米进口量变化较大，2009年有急剧增加的现象，2011年达到最高峰523万吨。从玉米出口来看，中国是世界玉米生产、消费大国，需要玉米出口来调节国内市场和缓解东北玉米库存压力。1984年开始我国玉米出口逐步增加，1992年突破1000万吨，“十五”期间年均出口量上升至900万吨，2003年玉米出口最高，为1639万吨；随后玉米出口呈现出下降态势，如2004年出口下降到232万吨，但又在2004～2007年期间有所反弹，2008年开始受国内外形势影响出口量再次探底，至2013年仅为8万吨。我国玉米出口主要集中在日本、韩国、马来西亚等。

4. 大豆进出口情况

从图3－17可以看出，2009～2010年是我国大豆贸易情况转变的时间段，我国在此期间从大豆净出口转变为大豆净进口。大豆的进口量从1998年开始至今一直处于缓慢上升的趋势，这主要归因于大豆需求不断上升，国内大豆供给不足同时国外大豆优势明显等方面。大豆出口量则呈现出波动起伏的状态，从2013年开始我国大豆出口量持续下降。当前我国大豆进口数额远高于其他粮食品种并且居高不下。我国的大豆进口来源主要为巴西、美国和阿根廷。2014年我国从以上三个国家分别进口3200万吨、3000万吨、570万吨，占总进口量的95%，其中三

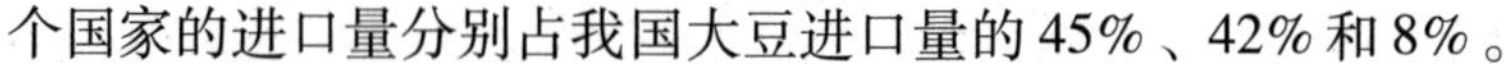
个国家的进口量分别占我国大豆进口量的45%、42%和8%。

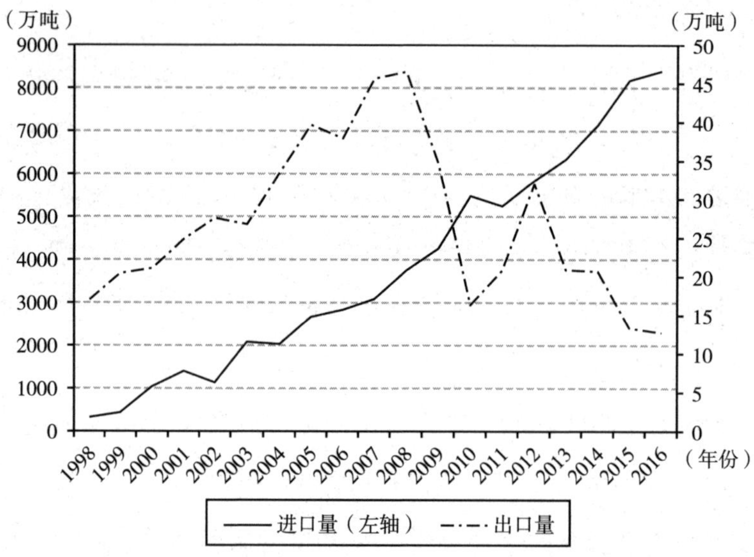

图3－17　1998～2016年我国大豆进出口变化情况

资料来源：联合国粮农组织。

3.4.2　种子

我国是农业大国，也是世界范围内的种子市场大国。根据国际种子联盟（ISF）数据显示，全球种子的市场销售额已达到365亿美元，其中国内种子市场规模最大的美国为85亿美元，占全球种子市场份额的23%；其次是中国，为40亿美元，占比约11%。随着农业国际化和我国对外开放程度的不断加深，我国的国内种子市场正在融入国际种子市场，成为国际种子市场的组成部分之一。因此，中国的本土种子行业对中国市场的专有地位必然面临来自世界的竞争。中国的本土种业需要和世界种业一起分享包括中国种子市场在内的世界种子市场。

20世纪80年代初期，我国出口的种子品种主要有麻类、瓜类、蔬菜和少量的大田作物。其中，蔬菜种子的出口量达到了总出口量的40%左右，蔬菜种子的出口额占到了总出口额的75%；到80年代中期，我国开始引进优良作物种子，主要品种有西芹、甜瓜和西洋参等。进入21世纪之后，“菜篮子工程”开始实施，种植业也进行了结构性调整，我国开始大量进口反季节和特殊用途的蔬菜、瓜类和牧草等种子，形成了种子市场消费的大市场。此时，我国种子进口量大幅增加，种子进口量超过了出口量。2000年我国种子进出口贸易总值就已经达到13295.48万美元，2000~2010年，中国种子进出口贸易总额从2000年的13358.92万美元增加到2010年的50425.45万美元。11年间种子贸易额增加3.77倍，年平均增长率为114.21%，中国种子进出口贸易额快速增长。

综合近几年我国种子出口的情况分析，在数量上出口较多的种子是豆类、谷物和草本花卉种子。其中，油料作物、蔬菜和西甜瓜种子的出口价格呈下降趋势，并且波动较大。

3.4.3 粮商

在我国当前的粮食贸易市场中，存在着三类市场势力，分别为跨国粮商、国有粮食企业，以及地方国有和中小民营企业。在中国2001年加入WTO以后，国内粮食领域的政策开始不断调整，减少了许多限制外企进入中国粮食市场的法规。因此跨国粮企在中国粮食市场开始日益壮大，甚至在某些专业细分品种领域内达到了垄断的地位。为了保护本土粮食企业，国家出台了许多相关限制政策，因而跨国企业在和本土粮食企业竞争的同时，也加强了与国内粮食企业的合作，尤其是上下游产业的联合。这在一定程度上增强了本土企业的实力，促进了中国粮食产业的发展。

虽然本土企业享受着国家政策的保护，发展态势良好，但是仍然存在众多问题。我国粮食企业发展规模较小，除了少数几家国有控股龙头企业之外，大多都是小规模的粮食企业，此类型规模的企业市场议价能力不足，提高了采购成本，降低了我国粮食企业的利润。近几年来，我国粮食企业逐渐意识到跨国粮食企业对国内粮食产业的威胁，开始提出整合粮食产业链，但由于国内粮食企业缺乏经验和实力，产业间协同不充分，产业断裂情况较严重。并且由于企业注重流通销售盈利方面，因此与农业种植人员的互动较少，与生产环节脱节。

随着我国粮食企业经营从本土逐渐走向国际，粮食企业规模不断扩张的同时也出现了许多矛盾和问题，在经营过程中缺乏信息技术的支持，缺乏具有综合实力和国际竞争力的大型粮食企业，并且行业中的中高端人才较少，缺乏跨国运作的经验。

3.5 相关政策现状

“确保谷物基本自给、口粮绝对安全”是我国粮食安全战略的战略底线。2008 年我国出台的《国家粮食安全中长期规划纲要（2008—2020 年）》（以下简称《纲要》）指出，我国保障粮食安全的主要目标为到2020年，人均粮食消费量不低于395公斤，需求总量不低于5725亿公斤。《纲要》还提到：（1）稳定粮食播种面积。到2020年，耕地保有量不低于18亿亩，基本农田数量不减少、质量有提高。全国谷物播种面积稳定在12.6亿亩以上，其中稻谷稳定在4.5亿亩左右。在保证粮食生产的基础上，力争油菜籽、花生等油料作物播种面积恢复到1.8亿亩左右。（2）保障粮食等重要食物基本自给。粮食自给率稳定在95%以上，到2020年粮食综合生产能力稳定在5400亿公斤以上。其中，稻谷、小麦保持自给，玉米保持基本自给。畜禽产品、水产品等重要品种基本自给。（3）保持合理粮食储备水平。中央和地方粮食储备保持在合理规模水平。粮食库存品种结构趋向合理，小麦和稻谷比重不低于70%。（4）建立健全“四散化”粮食物流体系。加快发展以散装、散卸、散存和散运为特征的“四散化”粮食现代物流体系，降低流通成本，提高粮食流通效率。到2020年全国粮食物流“四散化”比例达到55%。现有确保我国粮食安全的政策工具主要涉及生产、贸易、农业公共服务等方面。

3.5.1 生产政策

1. 耕地保护政策

我国将“十分珍惜、合理利用土地和切实保护耕地”列为基本国策，同时还颁布了包括《中华人民共和国土地管理法》在内的一系列政策制度。其内容主要包括：一是明确土地用途，合理分配土地资源制度。我国耕地资源日渐减少，占用耕地资源现象频繁发生，保护耕地资源刻不容缓。合理分配土地资源制度便是在保护耕地资源的基础上，划分农业用地和非农业用地，合理配置土地资源，促进国家土地资源的长远发展。二是实施耕地占补平衡制度。即经过国家许可的非农业建设用地，要严格按照“占一补一”的原则，占了多少耕地，就要开垦出相应数量的耕地。如果开发商没有按国家规定进行开垦或是开垦的耕地达不到所占耕地的数量和质量，就要向国家缴纳部分“开垦费”，用作开垦耕地。三是实施基本农田保护制度，要求当地政府担负起对基本农田的保护职责。此外，国家为加强人们的责任意识，出台并实施了《基本农田保护条例》，强调了农田保护中人们应承担的相应责任。四是土地征收补偿制度，国家对土地的征收利用并不是强制无偿的，而是会参照被征收土地原本用途给被占用土地的居民合理补偿费用——土地合理补偿费用，被占用土地居民的安置补贴费用，农地作物补偿费用。《中华人民共和国农业法》中也指出耕地的重要性和对耕地保护的重视，并规定国家应该在合理规划土地的同时建立农地生态保护区，对其采取特殊保护政策，并详细规定到要定时对耕地进行保养与维护，保证土壤肥力与质量，以防受到污染。2011 年新修订实施的《水土保持法》中突出强调，要对存在水土流失问题以及生态遭到严重破坏的耕地采取各种方式综合修复治理，这一定程度上保护了土地资源，维持了土地现有的质量水准。

2. 粮食补贴政策

我国从 2015 年调整完善农作物良种补贴、种粮农民直接补贴和农资综合补贴等三项补贴政策，将“三项补贴”合并为“农业支持保护补贴”。种粮农民直接补贴政策始于 2003 年底发布的《中共中央 国务院关于促进农民增加收入若干政策的意见》，从2004年开始，对全国范围内种粮农民实行直接补贴，由国家对直接补贴的品种、范围、资金标准、领取补贴的农民资格等进行政策上的规定。农资综合补贴是在2006年的《中共中央 国务院关于推进社会主义新农村建设的若干意见》中提出的，对农民购买农业生产资料包括化肥、柴油、农药、农膜等进行直接补贴。其补贴主要是按照粮食产量或者是粮食的播种面积作为补贴依据，对种粮农民提供一定标准的现金支持，以补贴农民因为农业生产资料上涨所经受的经济损失，提高其种粮积极性和主动性。良种补贴是指国家为了提高良种覆盖率，对一定区域内种植主要良种作物的农民或者农业组织给予一定补贴的政策，其主要目的是为了提高粮食作物的品质和产量。补贴方式主要有现金直接补贴或者差价购种补贴等，通过对良种买卖提供一定的优惠措施来引导农民扩大对优良作物品种的种植率，提高粮食产量。

3. 粮食最低收购价政策

在社会主义市场经济体制下，市场在资源配置方面发挥主要作用，但是有些情况下市场也会失灵，这就需要政府适当介入，利用宏观调控来弥补市场缺陷。根据《粮食流通管理条例》规定，在粮食主产区对一些市场需求量大但是供应不足的稀缺粮食品种通过政府提供最低价收购的方式来进行调节，以便更好地实现对粮食市场的调控。2004～2006年由于粮食连年增产，出现粮食过剩，导致部分粮食特别是水稻和小麦的价格开始下跌。为了稳定市场秩序，避免“谷贱伤农”，国家于2004年、2006年分别实施了水稻和小麦最低收购价政策。它是指政府委托具有一定资质的粮食企业在粮食价格低于规定的市场最低价格时收购粮农的部分粮食。

4. 粮食科技政策

从2008年起，围绕着“扩大范围、拓展领域、提升质量”的主题，国家通过政策宣传、科技展览、资金补贴等方式积极推进农业科技下乡工作，并且为各项农业科技应用提供舆论和民意支撑，真正将农业科技入户高产落实到位。同时举办高产创建活动，形成适合大面积推广的粮食生产技术操作规程，让种粮农民都能掌握主要的粮食生产技术。“十二五”开初，中共中央、国务院下发了《关于进一步深化科技体制改革的意见》，强调国家要完善科技投入机制，公益类科研机构要加大科技创新力度，要求技术开发类科研机构要继续推进企业化转型，建立市场导向的技术创新体制。目前我国的粮食科技体制改革已经形成了以公益性研究为主体，以应用基础研究为主要内容，以保障粮食流通、维护粮食安全为目标，以科技创新引领经济发展的新局面。

3.5.2 贸易政策

1. 粮食流通政策

2004年国务院下发的《国务院关于进一步深化粮食流通体制改革的意见》中明确规定，要进一步推进粮食流通体制创新，从2004年起不再对粮食收购市场进行限制，实行全面市场化，希望市场中的各个参与者积极投入粮食购销经营活动中，增强市场活力，提高成交效率。具体来说，粮食流通政策主要包括以下内容：第一，实行粮食购销市场化和市场主体多元化。全面放开粮食收购价格、市场，国有粮企业及其他企业、经销商、农村合作经济组织、粮食中介组织等都可以在粮食市场化自由购销，公平竞争，粮食价格的形成主要取决于市场，而不是政府。第二，培育健康的粮食市场合作机制。继续发展农贸市场和粮食批发市场的建设，废除过去地方政府对于粮食流通的封锁和限制。第三，进一步建立健全粮食流通法律法规体系。《粮食流通管理条例》出台后，对保障国家粮食安全、规范粮食流通秩序发挥了前所未有的积极引导作用。

2. 粮食储备政策

目前我国的粮食储备体系主要包括中央、省级和地县三级主体，其主要功能包括战略储备、商业储备和后备储备，但是政府储备仍然在粮食储备中占据主导地位，其管理制度是国家主导型管理制度以中央储备粮总公司垂直管理为核心，辅以“中央—地方”分级管理。

作为对政策性经营项目负责的中国储备粮管理集团有限公司（以下简称中储粮集团公司），受国务院委托、由国家资产监督管理委员会直接管理，自主经营、自负盈亏。中储粮集团公司对公司内部的人员和物资进行自主管理，地方政府不能强力干涉，它对中央储备粮的总数量、质量和储存安全负有总体上的经营和管理责任，是涉及国家粮食安全和国民经济命脉的重要一环。地方在中央宏观调控下，按照粮食省长负责制的要求，积极推广储备管理规范化、转变储备管理观念、提高储备科技含量，并逐级落实到市县，建立了地方行政长官负责的多级储备管理制度。

3. 粮食贸易政策

20世纪50年代以来我国的粮食自给率一直维持在比较高的水平，而且国家通过计划配额等方式对粮食交易进行行政管控，这时候的粮食进出口贸易还比较有限。但是自我国2001年加入世界贸易组织以来，粮食贸易已经不再局限于国内的粮食市场，为了符合世贸组织对国际粮食贸易的规定以及优化我国的粮食进出口结构，必须对贸易政策进行改革：一是改革粮食贸易的组织运行机制。为符合国际贸易规则，我国对粮食贸易政策进行了很多方面的调整和创新，其中之一就是我国的粮油市场交易不再单纯依赖专门的公司进行管理。根据《农产品进口关税配额管理暂行办法》，我国实行对大宗农产品的配额管理制度，国家首先会根据国内外主要粮食的供求状况，对特定的品种制定一定的进出口数额，企业需要先申请再经营。但是目前仍然是国营贸易占主导地位。小麦、玉米、大米的国营贸易比例分别是90%、60%、50%。二是实行粮食进出口关税及配额政策。从2005年开始，我国实行关税配额制度。对于配额以内的市场缺口比较大、国内提供量较少的一些农产品提供税收方面的优惠，但是对于超过配额范围的其他粮食品种则征收高关税。

3.5.3 公共服务政策

1. 农业保险支持政策

目前，中央财政提供农业保险保费补贴的品种包括种植业、养殖业和森林三大类，共16个品种，覆盖水稻、小麦、玉米等主要粮食作物及棉花、糖料作物、畜产品等，承保的主要农作物突破14.5亿亩，占全国播种面积的59%，三大主粮作物平均承保覆盖率超过70%。各级财政对保费累计补贴达到75%以上，其中中央财政一般补贴35%~50%，地方财政还对部分特色农业保险给予保费补贴，构建了“中央支持保基本，地方支持保特色”的多层次农业保险保费补贴体系。

2015年，中国保监会、财政部、农业部联合下发《关于进一步完善中央财政保费补贴型农业保险产品条款拟定工作的通知》，推动中央财政保费补贴型农业保险产品创新升级，在几个方面取得了重大突破。一是扩大保险范围。要求种植业保险主险责任要涵盖暴雨、洪水、冰雹、冻灾、旱灾等自然灾害，以及病虫草鼠害等。养殖业保险将疾病、疫病纳入保险范围，并规定发生高传染性疾病政府实施强制扑杀时，保险公司应对投保户进行赔偿（赔偿金额可扣除政府扑杀补贴）。二是提高保障水平。要求保险金额覆盖直接物化成本或饲养成本，鼓励开发满足新型经营主体的多层次、高保障产品。三是降低理赔门槛。要求种植业保险及能繁母猪、生猪、奶牛等按头（只）保险的大牲畜保险不得设置绝对免赔，投保农作物损失率在80%以上的视作全部损失，降低了赔偿门槛。四是降低保费费率。以农业大省为重点，下调保费费率，部分地区种植业保险费率降幅接近50%。

2. 全国农业信贷担保体系政策

2015年，财政部、农业部、中国银监会联合下发《关于财政支持建立农业信贷担保体系的指导意见》，提出力争用3年时间建立健全具有中国特色、覆盖全国的农业信贷担保体系框架，为农业尤其是粮食适度规模经营的新型经营主体提供信贷担保服务，切实解决农业发展中的“融资难”“融资贵”问题，支持新型经营主体做大做强，促进粮食稳定发展和农业现代化建设。

全国农业信贷担保体系主要包括国家农业信贷担保联盟、省级农业信贷担保机构和市、县农业信贷担保机构。中央财政利用粮食适度规模经营资金对地方建立农业信贷担保体系提供资金支持，并在政策上给予指导。财政出资建立的农业信贷担保机构必须坚持政策性、专注性和独立性，应优先满足从事粮食适度规模经营的各类新型经营主体的需要，对新型经营主体的农业信贷担保余额不得低于总担保规模的70%。在业务范围上，可以对新型经营主体开展粮食生产经营的信贷提供担保服务，包括基础设施、扩大和改进生产、引进新技术、市场开拓与品牌建设、土地长期租赁、流动资金等方面，还可以逐步向农业其他领域拓展，并向与农业直接相关的第二、第三产业延伸，促进农村三次产业融合发展。

3. 村合作金融政策

2016年，国家继续支持农民合作社和供销合作社发展农村合作金融，进一步扩大在农民合作社内部开展信用合作试点的范围，不断丰富农村地区金融机构类型。坚持社员制、封闭性原则，在不对外吸储放贷、不支付固定回报的前提下，以具备条件的农民合作社为依托，稳妥开展农民合作社内部资金互助试点，引导其向“生产经营合作+信用合作”延伸。进一步完善对新型农村合作金融组织的管理监督机制，金融监管部门负责制定农村信用合作组织业务经营规则和监管规则，地方政府切实承担监管职责和风险处置责任。鼓励地方建立风险补偿基金，有效防范金融风险。

第4章

保障我国粮食产业经济安全面临的问题

在资源压力、市场约束和国际冲击的影响下，我国粮食经济安全面临诸多问题，主要涉及生产效率、流通成本、财政压力和产业风险几个方面。

4.1 资源压力抬高生产成本，影响粮食产业经济安全的根基

我国粮食生产的资源数量减少和质量下降，灌溉水源短缺，而且水质恶化；生态环境恶化，自然灾害加重；耕作投入成本增加，边际效率下降；基础设施落后，耕作效率不高。我国大部分农业水利等基础设施都是新中国成立

初期建造的，虽然国家和地方政府每年投入农业基础设施建设上的资金较多，但相对于农村经济发展和粮食的现代化生产对基础设施的要求来说还远远不够。相当一部分设施年久失修，功能老化，配套不全，许多沟渠设施陈旧，导致相当数量的农村耕地无法耕种。同时生产成本上涨，种粮效益下降。粮食生产成本大幅增长，农业生产资料价格上涨幅度明显高于农产品生产价格，前者涨幅高于后者近6个百分点，使种植业生产成本明显增加，在一定程度上抵消了国家所增加的农业生产资料综合补贴的效果，使粮食种植的比较效益出现恶化。化肥、农药、农机等农资价格上涨过快，冲抵了农民从惠农政策中得到的好处，间接导致粮食播种面积的减少。种粮效益偏低，挫伤了农民种粮积极性，耕地抛荒露头。大量农民情愿种经济作物、种菜，也不愿意种粮。而农民种粮积极性不高，大量耕地抛荒，生产端出现问题严重影响了我国粮食产业经济安全的根基。

4.2 市场约束加重粮食供给压力，进一步增加粮食产业经济安全的风险

4.2.1 粮食结构性矛盾突出

我国在粮食品种结构上的矛盾，主要是粮食生产与消费脱节，生产结构不适应消费结构。具体而言，突出表现为两个方面：一是产需品种不平衡，即粮食供需衔接不畅，不能满足日益多样化的市场需求。我国

粮食库存品种结构与粮食消费需求结构不适应，加剧了粮食市场稳定风险。虽然我国粮食产需在总量上已趋向平衡，但在品种结构上尚难以达到平衡。粮食生产具有明显的地域差异，粮食品种生产相对集中。同时，随着人口流动性的增强和人民生活水平的提高，粮食消费需求也逐渐呈现多样化的趋势，某一区域生产的粮食品种往往不足以满足当地的粮食需求。二是产需品质不平衡，即高品质粮食产出比重较低，不能满足日益提升的消费水平和消费需求。随着经济迅猛发展，温饱问题基本解决，人们的消费水平不断提高，粮食产需质量矛盾日益尖锐。目前，我国三大主要粮食作物稻谷、小麦、玉米，优质、高端品种产量占总产量比重均偏低，国内高端消费需求相当一部分依赖进口，低端品种则存在需求不足、产量过剩的问题。

4.2.2 粮食市场体系不完善

粮食市场主体发育不足，运行不规范。长期以来，受“短缺经济”的影响，强调粮食商品的“特殊性”，而忽视了其作为商品的内在属性，对粮食的产、购、调、存、加、销等各环节的运作还是只重量而不重质。农民生产的粮食因为供求不对接，无法高效地在市场流通；粮食的收储政策则只能包“购”，包“存”，却包不了“销”。国有粮食企业在执行国家粮食购销政策、实施粮食宏观调控等方面继续发挥着主渠道作用，社会多元主体积极参与入市，搞活了粮食流通。通过市场的有序竞争，促进了粮食的合理流通，提高了粮食资源的配置效率。但是，国有粮食购销企业改革进展不平衡，一些地方的配套措施不到位，企业的组织结构和运行机制难以适应发挥市场主渠道作用的要求。民营企业和股份制企业经济实力有限，难以对粮食市场产生大的影响。主体的发育不足将使市场竞争缺乏规范性，并导致出现一定程度上的垄断特征，不利于市场价格形成和降低要素配置效率。

4.2.3 粮食流通效率低

（1）粮食流通基础设施建设不足，信息网络不完善。随着粮食市场化改革的不断深化，我国粮食流通效率有了很大提高。但粮食生产、加工、仓储、运输、供应等环节之间仍然缺乏有效的衔接和协调，流转环节多，效率低，成本高，物流不畅仍然较为突出。从目前来看，我国某些地区已初步建立粮食流通信息网络，但多数以局部范围为主，不仅覆盖面小，而且在信息供给方面存在着多方位、多层次的信息来源不足的问题，这导致许多企业市场信息匮乏，当市场发生变化时，不能“应时应市而变”、及时调整经营策略。

（2）粮食流通格局转变，运力不足及调运不畅。目前，我国粮食流通格局呈现出由“北粮南调”“中粮西运”替代过去“南粮北运”的态势，粮食生产地域中心发生了由南往北、由东往西的逐渐转移。东北地区已成为重要的粳稻、玉米等商品粮源供应地；西部地区随着退耕还林还草等工程的实施，退耕户的细粮消费明显上升。由于粮食主产区和主销区的区域差异，以及粮食流通基础设施建设等不足，粮食主产区的粮食不能及时调出，粮食高仓满储，使主产区本来不富裕的财政背上沉重的包袱。

4.2.4 政府反哺农业压力持续增长

我国政府高度重视粮食问题，从2004年至今，粮食补贴对确保我国粮食市场稳定起到了重要作用，成为国家稳定粮食安全的一个重要手段。在不同时期，我国粮食补贴政策有所不同，但都基本达到了预期目的，对稳定粮食生产和保护农民利益起到了积极的作用。以2004年《中共中央 国务院关于促进农民增加收入若干政策的意见》为起点，按照“多予、少取、放活”的方针，采用一系列支持和扶持农业发展和农民增收的政策，如全面推行粮食直接补贴、良种补贴等政策。粮食直接补贴政策的实施，将原来用于流通环节的补贴补给从事粮食生产的农民，从过去的“暗补”转为“明补”，增强了农民的粮食生产积极性。过去实行的粮食间接补贴政策，主要是对流通环节的价格补贴，农民只是间接地得到补贴，这种补贴机制人为地加长了补贴传导链条，最终落实到农民手中的补贴所剩无几，农民并没有从巨额粮食补贴中得到多少实惠，国家粮食补贴资金大量沉淀于垄断的流通环节之中。但是，随着中国经济的快速发展，国家长时间实行“重工轻农”的经济发展战略，使得粮食生产不能获得与其他产业相同的平均利润率。以粮食生产为主的农业问题，政府反哺农业的压力会持续增长，同时农业补贴方面国际压力也将如期而至，已经成为政府必须长期面对的关系农业发展、农民收入的十分棘手的矛盾。

4.3 国际资本和风险冲击加剧，严重威胁粮食产业经济安全的长期稳定

随着中国国际化、市场化程度的明显提高，国内经济与世界经济的关联度日益增强，农业发展的国内外环境将发生重大变化，农业国际化将面临更加复杂的形势和挑战。国内外农产品市场融合加快，外资企业对关键技术的控制增加，国际农产品价格波动对国内市场的传导影响也更加复杂，对市场风险管理的要求越来越高。

从国内来看，一方面，国内企业的市场风险管理意识还有待进一步加强，国内期货市场、远期合同等市场风险管理工具不健全，市场发育也不够成熟，尚未形成有效防范和控制国际市场风险的机制。另一方面，对外资企业的控制力警惕性不高，粮食产业存在被外资渗透的风险。农产品国际市场风险管理机制亟待加强。

从国际来看，首先，影响国际农产品市场的不确定因素日益增多，保持国内市场稳定的挑战越来越大。一是全球气候变化影响将继续深化，进一步加剧全球农产品供给波动。二是农业“能源化”趋势有可能更加凸显。由于国际石油价格持续攀升，将进一步推动生物能源快速发展，大幅增加对玉米、糖料、油菜籽及大豆等原料的需求，全球粮食供求格局将更趋不稳定。三是农产品“金融化”趋势难以逆转，投机资本炒作的影响更加突出，国际农产品价格波动将更趋剧烈。其次，农业国际竞争环境日益复杂，扩大农业对外开放将面临更加严峻的挑战。

发达国家继续对农业实行高补贴、高保护政策，农业贸易保护主义仍然甚嚣尘上。而世贸组织多哈回合谈判几近无果而终，建立国际农产品贸易新规则和新秩序步履维艰，不公平的国际农业竞争环境难以得到根本的改变。

第5章

粮食产业经济安全的评价指标体系

5.1 指标体系及数据采集接口

5.1.1 指标选取

测量粮食安全程度，必须要有客观的、科学的衡量标准和方法。粮食安全状况用什么指标衡量，达到什么水平才算是可以接受的粮食安全水平，这是国内外研究者一直关注的问题。粮食总量需求是人们对粮食安全最基本的认识，数量指标是反映粮食生产安全最基本的指标之一。

本章构建了从经济效益、产业控制力和抗经济冲击能力三个方面对我国粮食产业经济安全进行评价的新体系。其中，经济效益分别从竞争力、生产效益、金融投入和政策投入四个方面来衡量；产业控制力从技术控制力、进口影响度和企业控制力三个方面来衡量；抗经济冲击能力从库存情况和国际粮价的影响两个方面来评价（见表5-1）。

表5-1 我国粮食产业经济安全的评价指标体系

评价内容	细化指标	具体指标	影响方向	采集接口
经济效益	竞争力	劳动生产率、土地产出率	+	全国农产品成本收益资料汇编
	生产效益	成本收益率、百亩种粮收入	+	全国农产品成本收益资料汇编
	金融投入	农业保险赔付支出	+	国家统计局
	政策投入	农业财政投入	+	国家统计局
产业控制力	技术控制力	国产种子所占比重	+	海关统计数据、全国农产品成本收益资料汇编
	进口影响度	粮食自给率	+	海关统计数据
	企业控制力	内资在粮食企业中的比例	+	国家统计局
抗经济冲击能力	库存情况	库存消费比与安全线距离的倒数	+	USDA 数据库
	国际粮价的影响	国内外价差绝对值的倒数	+	万得数据库、IMF 数据库

5.1.2 指标解释与论证

第一，在经济效益方面：（1）以劳动生产率、土地产出率来衡量产业竞争力。劳动生产率是指从事农业生产的劳动者生产某种农产品的劳动效率，是衡量农业发展水平的重要指标。土地产出率是指单位土地上的平均年产值，粮食生产中的土地产出率是反映粮食产业中土地利用效率的一个重要指标。劳动生产率和土地产出率越高，我国粮食生产能力越高，粮食产业竞争力越高，粮食的经济安全水平就越高。（2）以成本收益率、百亩种粮收入来衡量生产效益。粮食生产中的成本收益率是指单位农资投入获得的粮食产量，反映粮食生产中投入品的利用效率。百亩种粮收入是农户的种粮纯收益，不仅可以在一定程度上反映粮食产业的生产效益，还可以反映出农户生产粮食的积极性，进而反映粮食的经济安全状况。（3）以农业保险赔付支出衡量确保粮食经济安全的金融投入。农业保险赔付支出是指保险人对农业保险事故造成的损失，根据合同约定向被保险人或受益人给予的经济补偿。农业保险在应对灾害、确保农业生产稳定方面具有重要作用，赔付支出越高，我国粮食的经济安全程度越高。（4）以年农业财政投入衡量确保粮食经济安全的政策投入。在粮食生产和流通过程中，较高的农业财政投入会确保粮食经济安全水平，但是过高的农业财政投入会给国家财政带来负担。

第二，在产业控制力方面，由国产种子所占比重衡量技术控制力，由粮食自给率衡量进口影响度，由内资在粮食企业中的比例来衡量企业控制力。国产种子所占比重越大、粮食自给率越高、内资在粮食企业中的比例越高，说明我国粮食产业的国内产业控制力越高，经济不安全的风险越小。

第三，在抗经济冲击能力方面，以库存消费比与安全线距离的倒数来衡量库存情况，以国际粮价与国内粮食市场的价差衡量国际粮价的影响。其中，库存消费比是本期期末库存与本期消费量的比值，是联合国粮农组织提出的衡量粮食安全水平的一项指标，过高过低都属于危险。根据我国的粮食库存消费比安全线（30%），可以计算库存消费比与安全线距离的倒数，该数值越大，表明与国际粮价相比国内外价差的绝对值越大，我国粮食的经济安全程度越高。国内粮价越高（或越低），我国粮食生产面临的进口（或出口）压力越大，经济不安全的风险就越高。

5.2 数据来源与说明

本章所使用数据主要有以下两部分。

（1）公开发行的年鉴、统计报告等。主要包括：历年《中国统计年鉴》《中国农村统计年鉴》《中国农业年鉴》《中国农业统计资料》《中国农村住户调查年鉴》《全国农产品成本收益资料》《中国畜牧业统计年鉴》《中国食品工业年鉴》《中国饲料工业年鉴》《中国人口统计年鉴》《中国市场统计年鉴》《中国物价年鉴》《中国城镇居民家庭收支调查资料》《中国物价及城镇居民家庭收支调查》《中国价格及城镇居民收支调查》《中国城市（镇）生活与物价年鉴》《中国农产品价格调查年鉴》《新中国五十五年统计资料汇编》《中国农业统计资料汇编》《中国农业发展报告》，以及中国资源环境经济人口数据库和各省统计年鉴。

（2）网络资源和数据库。国内数据主要是国家计委、农业农村部等政府相关部门的网站资料数据，如中国价格信息网、中国种植业信息网、中国农业信息网等。国外数据也主要由网站资料数据获得，如联合国粮农组织、世界银行、经济合作与发展组织、联合国商品贸易、美国农业部、农业市场数据库等。

第6章

我国粮食产业经济安全水平评价及安全区间

6.1 我国粮食产业经济安全的评价模型

客观赋权法从其本质上来说可以分为以下几类。

（1）消除指标间的相关性确定权数。综合评价是通过多项指标进行的，如果指标间具有一定的相关关系，说明它们反映被评对象的信息有一定的重复。相关指标如不作变换处理而直接合成，合成的结果必定要包含重复的信息，这样就会歪曲对被评对象的评价结果。于是，有一类客观赋权法的思路是：对原来相关的各原始变量作数学变换，使之成为相互独立的分量，这样就消除了指标间相关对被评对象的重复信息。这种变换一方面要消除相关性，另一方面对原变量进行简化，使少数几个综合因子尽可能反映原来变量的信息量。这类方法主要是多元分析中的主成分分析法和因子分析法。

（2）根据指标间的重复信息量确定权数。对于具有重复信息的指标来说，也可以按照另一种思路来确定权数。即某评价指标如果和其他评价指标重复信息越多，说明该指标的变化越能被其他指标的变化所解释，因而该指标在综合评价中所起的作用较小，所以应赋以其较小的权重；反之，若某项指标和其他指标的重复信息少，则该指标应赋以较大的权数。根据指标间的重复信息量来确定权数主要有复相关系数法。

（3）根据指标的变异信息量确定权数。前两类赋权方法的共同之处是二者都是从指标间的重复信息量出发赋权的，或是消除重复信息后赋权，或是直接根据重复信息赋权。而熵值法是根据指标的变异信息量确定权数，这是该方法与前面两类客观赋权法的根本区别。按这种思路确定权数的方法还有变异系数法。

本章采用变异系数赋权法对我国粮食产业经济安全进行综合评价。该方法通过标准差和均值的比值来反映指标数据的离散程度，系数越大离散程度越高，选用变异系数大小所占的比重来确定相应指标的权重，从客观方面考虑了指标对评价的影响。

变异系数赋权法主要分为以下三步：

第一步，对数据进行标准化处理。为了使原始数据无量纲化，首先采用统一的离差标准化法将原始数据标准化：

$$X_i = \frac{x_i - \text{mean}(x_i)}{\sigma_i} \tag{6.1}$$

其中，mean（x_i）为 x_i 的均值；σ_i 为 x_i 的标准差。

第二步，计算权重 W_i：

$$W_i = \frac{V_i}{\sum_{k=1}^{n} V_k} \tag{6.2}$$

其中，$V_i = \frac{\sigma_i}{\text{mean}（x_i）}$，mean（$x_i$）为 x_i 的均值，σ_i 为 x_i 的标准差。

第三步，计算评价得分 S。所有指标均为正向影响我国粮食产业经济安全的指标，因此评价得分越高表明我国粮食产业经济安全度越高。

$$S = \sum_{i=1}^{n} X_i W_i \tag{6.3}$$

同时，可以计算得到各评价内容的得分：

$$S = \sum_{i} X_i W_i = \sum_{k} S_k = \sum_{k1} X_{k1} W_{k1} + \cdots + \sum_{kn} X_{kn} W_{kn} \tag{6.4}$$

6.2 评价结果

本章采用2003~2015年的宏观数据对我国粮食产业经济安全情况进行评价（见表6-1和表6-2）。期间，我国的粮食安全形势经历了“危机—稳定—新问题”的阶段。根据式（6.4）可以计算得到2003~2015年我国粮食产业经济安全评价指标。

根据变异系数赋权法，国际粮价影响在我国粮食产业经济安全评价体系中的权重最高，为0.39；其次为金融投入，权重为0.11（见表6-3）。这表明，2003~2015年，国际粮价和金融投入的变化情况最为明显，也是导致我国粮食产业经济安全形势出现波动的最主要因素。此外，产业控制力下属的技术控制力、进口影响度和企业控制力三个指标在这段时期内基本保持稳定，因此在评价体系中的权重相对最小。

表 6－1　各指标的原始数据及其统计描述

年份	经济效益						产业控制力			抗经济冲击能力	
	竞争力		生产效益		金融投入	政策投入	技术控制力	进口影响度	企业控制力	库存情况	国际粮价影响
	劳动生产率（天/元）	土地产出率（元/亩）	成本收益率（%）	百亩种粮收入（元/百亩）	农业保险赔付支出（亿元）	农业财政投入（亿元）	国产种子比重	粮食自给率	内资在粮食企业中的比例	库存消费比与安全线距离的倒数	国内外价差绝对值的倒数
2003	0.03	389.22	9.07	3421.00	3.47	1134.86	1.00	1.00	0.98	16.21	0.01
2004	0.02	572.60	49.69	19650.00	3.00	1693.79	1.00	0.98	0.96	68.29	1.38
2005	0.02	529.48	28.84	12258.00	6.00	1792.40	1.00	0.99	0.98	127.53	0.04
2006	0.01	581.46	34.83	15496.00	5.93	3917.00	1.00	1.00	0.99	290.08	0.01
2007	0.01	647.60	38.49	18518.00	29.90	5625.00	1.00	1.00	0.99	233.91	0.00
2008	0.01	729.49	33.14	18639.00	64.10	5955.50	1.00	1.00	0.99	18.95	0.00
2009	0.01	773.45	32.04	19235.00	95.20	7161.40	1.00	1.00	0.99	16.68	0.00
2010	0.01	879.05	33.77	22717.00	95.96	8183.40	1.00	0.99	0.99	18.16	0.01
2011	0.01	1020.19	31.70	25076.00	81.78	9884.50	1.00	0.99	0.99	17.80	0.03
2012	0.01	1081.97	17.98	16840.00	131.34	12286.60	1.00	0.98	0.99	16.96	0.03
2013	0.01	1077.29	7.11	7294.00	194.94	13799.00	1.00	0.98	0.99	9.03	0.00
2014	0.01	1171.46	11.68	12478.00	205.80	14173.08	1.00	0.99	0.99	4.87	0.00
2015	0.01	1086.99	1.79	1955.00	237.10	17380.49	1.00	0.98	0.99	3.66	0.00
均值	0.01	810.79	25.39	14890.54	88.81	7922.08	1.00	0.99	0.99	64.78	0.12
标准差	0.01	258.24	14.37	7113.58	82.33	5277.60	0.00	0.01	0.01	94.51	0.38

表 6-2　各指标的标准化数据

年份	经济效益						产业控制力			抗经济冲击能力	
	竞争力		生产效益		金融投入	政策投入	技术控制力	进口影响度	企业控制力	库存情况	国际粮价影响
	劳动生产率	土地产出率	成本收益率	百亩种粮收入	农业保险赔付支出	农业财政投入	国产种子比重	粮食自给率	内资在粮食企业中的比例	库存消费比与安全线距离的倒数	国内外价差绝对值的倒数
2003	2.51	0.48	0.36	0.23	0.04	0.14	1.00	1.01	0.99	0.25	0.07
2004	1.53	0.71	1.96	1.32	0.03	0.21	1.00	0.99	0.97	1.05	11.83
2005	1.59	0.65	1.14	0.82	0.07	0.23	1.00	1.00	0.99	1.97	0.35
2006	1.31	0.72	1.37	1.04	0.07	0.49	1.00	1.01	1.00	4.48	0.07
2007	1.11	0.80	1.52	1.24	0.34	0.71	1.00	1.01	1.00	3.61	0.04
2008	0.93	0.90	1.31	1.25	0.72	0.75	1.00	1.01	1.00	0.29	0.01
2009	0.82	0.95	1.26	1.29	1.07	0.90	1.00	1.01	1.00	0.26	0.02
2010	0.69	1.08	1.33	1.53	1.08	1.03	1.00	1.00	1.01	0.28	0.10
2011	0.59	1.26	1.25	1.68	0.92	1.25	1.00	1.00	1.00	0.27	0.24
2012	0.52	1.33	0.71	1.13	1.48	1.55	1.00	0.99	1.00	0.26	0.22
2013	0.50	1.33	0.28	0.49	2.20	1.74	1.00	0.99	1.01	0.14	0.03
2014	0.44	1.44	0.46	0.84	2.32	1.79	1.00	1.00	1.01	0.08	0.01
2015	0.45	1.34	0.07	0.13	2.67	2.19	1.00	0.99	1.01	0.06	0.01

表 6-3　各指标的变异系数及其权重

项目	经济效益						产业控制力			抗经济冲击能力	
	竞争力		生产效益		金融投入	政策投入	技术控制力	进口影响度	企业控制力	库存情况	国际粮价影响
	劳动生产率	土地产出率	成本收益率	百亩种粮收入	农业保险赔付支出	农业财政投入	国产种子比重	粮食自给率	内资在粮食企业中的比例	库存消费比与安全线距离的倒数	国内外价差绝对值的倒数
变异系数	0.61	0.32	0.57	0.48	0.93	0.67	0.00	0.01	0.01	1.46	3.26
权重	0.07	0.04	0.07	0.06	0.11	0.08	0.00	0.01	0.01	0.18	0.39
权重合计	0.429						0.002			0.569	

总体来看，2003～2015 年期间粮食产业经济安全评价得分呈现先上升后下降的趋势，其中 2003 年的粮食产业经济安全评价得分最低（0.328 分），2004 年的得分最高（5.203 分）。2015 年得分为 0.587 分，高于 2003 年，但明显低于 2012 年的 0.629 分。因此，尽管我国粮食产业经济安全形势较 2003 年有了明显好转，但是 2012 年以来我国粮食产业经济安全形势出现了严峻挑战。

从各指标的得分来看，第一，各年度的经济效益的得分呈现逐年增加的趋势，表明我国粮食生产的经济效益逐年提高。但是，经济效益得分的增加主要来自金融投入和政策投入的不断提高，而粮食生产竞争力和生产效益总体呈现下降的趋势。其中，粮食生产竞争力得分从 2003 年的 0.202 分降至 2015 年的 0.085 分，粮食生产效益的得分也从 2003 年的 0.038 分降至 2015 年的 0.012 分（见表 6－4）。这表明我国粮食生产的金融和政策投入，并没有提高粮食生产的竞争力和效益，没有从根本上实现粮食产业的自我造血功能。随着我国经济进入新常态，财政收入增长缓慢，政府对农业的支持和投入也面临不确定性，需要高效利用金融和财政资金，有效提升粮食竞争力和生产效益，以确保我国粮食产业经济安全的可持续性。

第二，我国主要粮食的产业控制力始终保持较高的水平，进口种子、进口粮食和外资的数量比重均较低。但近年来，粮食的进口量逐年增长，口粮完全自给的目标仍将遇到较大挑战。

第三，我国粮食抗经济冲击能力正在逐渐变弱，2015 年该项得分为 0.013 分，低于 2003 年的 0.070 分。尤其是 2012 年以来，该项得分从 0.134 分大幅下降至 2013 年的 0.034 分、2014 年的 0.017 分和 2015 年

表6－4　各指标的评价值

年份	经济效益						产业控制力			抗经济冲击能力	
	竞争力		生产效益		金融投入	政策投入	技术控制力	进口影响度	企业控制力	库存情况	国际粮价影响
	劳动生产率	土地产出率	成本收益率	百亩种粮收入	农业保险赔付支出	农业财政投入	国产种子比重	粮食自给率	内资在粮食企业中的比例	库存消费比与安全线距离的倒数	国内外价差绝对值的倒数
2003	0.18	0.02	0.02	0.01	0.00	0.01	0.00	0.00	0.00	0.04	0.03
2004	0.11	0.03	0.13	0.08	0.00	0.02	0.00	0.00	0.00	0.19	4.65
2005	0.12	0.03	0.08	0.05	0.01	0.02	0.00	0.00	0.00	0.35	0.14
2006	0.10	0.03	0.09	0.06	0.01	0.04	0.00	0.00	0.00	0.79	0.03
2007	0.08	0.03	0.10	0.07	0.04	0.06	0.00	0.00	0.00	0.64	0.01
2008	0.07	0.03	0.09	0.07	0.08	0.06	0.00	0.00	0.00	0.05	0.00
2009	0.06	0.04	0.09	0.07	0.12	0.07	0.00	0.00	0.00	0.05	0.01
2010	0.05	0.04	0.09	0.09	0.12	0.08	0.00	0.00	0.00	0.05	0.04
2011	0.04	0.05	0.09	0.10	0.10	0.10	0.00	0.00	0.00	0.05	0.09
2012	0.04	0.05	0.05	0.07	0.17	0.12	0.00	0.00	0.00	0.05	0.09
2013	0.04	0.05	0.02	0.03	0.25	0.14	0.00	0.00	0.00	0.02	0.01
2014	0.03	0.06	0.03	0.05	0.26	0.14	0.00	0.00	0.00	0.01	0.00
2015	0.03	0.05	0.00	0.01	0.30	0.18	0.00	0.00	0.00	0.01	0.00

的0.013分（见表6－5）。一方面，大量的粮食库存已导致库存消费比远超过30%的合理水平，2015年已接近60%；另一方面，粮食的国内外价格差也在2015年达到了较高的水平，进口粮食的价格优势严重冲击了国内粮食市场。因此，需要大力推进农业供给侧结构性改革和价格政策改革，逐渐减少过量库存，在保证农民合理收益的前提下实现国内粮价与国际粮价的接轨。

表6－5　2003～2015年我国粮食产业经济安全评价得分

年份	总评价得分	经济效益得分	产业控制力得分	抗经济冲击能力得分
2003	0.328	0.255	0.002	0.070
2004	5.203	0.369	0.002	4.832
2005	0.778	0.292	0.002	0.484
2006	1.142	0.324	0.002	0.816
2007	1.033	0.381	0.002	0.650
2008	0.461	0.404	0.002	0.054
2009	0.505	0.449	0.002	0.054
2010	0.566	0.475	0.002	0.090
2011	0.621	0.476	0.002	0.142
2012	0.629	0.493	0.002	0.134
2013	0.557	0.520	0.002	0.034
2014	0.589	0.570	0.002	0.017
2015	0.587	0.572	0.002	0.013

6.3 安全区间

根据2003～2015年各指标的均值［mean（x）］和标准差（σ），

设定粮食产业经济安全的合理区间、关注区间和警戒区间分别为：

合理区间：$\text{mean}(x) \pm \sigma$

关注区间：$\text{mean}(x) \pm 2\sigma$

警戒区间：$\text{mean}(x) \pm 3\sigma$

各指标的合理区间、关注区间和警戒区间如表6－6所示。

表6－6　经济效益和产业控制力的合理区间、关注区间和警戒区间

项目	经济效益						产业控制力		
	竞争力		生产效益		金融投入	政策投入	技术控制力	进口影响度	企业控制力
	劳动生产率（天/元）	土地产出率（元/亩）	成本收益率（%）	百亩种粮收入（元/百亩）	农业保险赔付支出（亿元）	农业财政投入（亿元）	国产种子比重	粮食自给率	内资在粮食企业中的比例
合理区间上限	0.018	1069.029	39.764	22004.122	171.142	13199.683	1.000	0.998	0.996
合理区间下限	0.004	552.548	11.025	7776.955	6.477	2644.474	1.000	0.982	0.976
关注区间上限	0.025	1327.269	54.134	29117.705	253.475	18477.288	1.000	1.006	1.006
关注区间下限	－0.002	294.308	－3.344	663.372	－75.856	－2633.131	1.000	0.974	0.966
警戒区间上限	0.032	1585.509	68.503	36231.289	335.808	23754.893	1.000	1.014	1.016
警戒区间下限	－0.009	36.068	－17.714	－6450.212	－158.189	－7910.736	1.000	0.966	0.956

需要说明的是，对于劳动生产率、土地产出率、成本收益率、百亩种粮收入、农业保险赔付支出、农业财政投入、国产种子比重、粮食自给率和内资在粮食企业中的比例这9个监测指标，应重点对比其监测值与区间下限的关系，将区间下限作为主要对照值。而对于库存消费比和国内外粮食价差，应重点对比其监测值与极高和极低值的关系，将低值和高值都作为对照值（见表6－7）。

表6－7　　库存消费比和国内外价差的监测对照值

项目	库存消费比		国内外价差	
	低值	高值	低值	高值
合理值	0. 3562	0. 3725	－67. 2753	－22. 3424
关注值	0. 3242	0. 4730	－692. 5075	509. 9625
警戒值	0. 2922	0. 5735	－1317. 7397	1042. 2675

第7章

结论与建议

7.1 研究结论

粮食产业的经济安全是指一个国家和地区能够在不影响经济社会发展的情况下，以一定的、可控的成本提供保证居民生存的粮食，不因粮食问题影响全国居民的生存和经济社会的持续发展。在开放经济条件下，粮食产业的经济安全还应包括不因粮食供给不足、依赖其他国家的粮食供给而损害本国的国家主权独立，国内企业对本国粮食产业的发展具有足够的控制能力，不因国际粮食市场的价格波动和外资冲击而影响国内的粮食供给和经济社会的持续发展。

粮食产业经济安全主要包括三个方面。首先，在经济效益方面，粮食产业经济安全要以合理的经济和政策成本保证粮食的有效、充足供给；其次，在产业控制力方面，要保证国内的粮食企业能够有效控制国内粮食市场，并掌握育种、灌溉、仓储等重要技术；最后，在风险控制方面，粮食产业经济安全应能够抗击国际粮食市场波动的冲击，确保国内粮食市场价格稳定。

在资源压力、市场约束和国际冲击的影响下，我国粮食产业经济安全面临诸多问题，主要涉及生产效率、流通成本、财政压力和产业风险几个方面。主要包括：（1）资源压力抬高生产成本，影响粮食产业经济安全的根基；（2）市场约束加重粮食供给压力，进一步增加粮食产业经济安全的风险；（3）国际资本和风险冲击加剧，严重威胁粮食产业经济安全的长期稳定。

本书构建了从经济效益、产业控制力和抗经济冲击能力三个方面对我国的粮食产业经济安全进行评价的新体系。其中，经济效益分别从竞争力、生产效益、金融投入和政策投入四个方面来衡量；产业控制力从技术控制力、进口影响度和企业控制力三个方面来衡量；抗经济冲击能力从库存情况和国际粮价的影响两个方面来评价。评价结果显示，尽管近期我国粮食产业经济安全形势较2003年有了明显好转，但是2012年以来我国粮食产业经济安全形势出现了严峻挑战。具体来看，一是各年度的经济效益得分呈现逐年增加的趋势，表明我国粮食生产的经济效益逐年提高。但是，经济效益得分的增加主要来自金融投入和政策投入的不断提高，而粮食生产的竞争力和生产效益总体呈现下降的趋势。二是我国主要粮食的产业控制力始终保持较高的水平，进口种子、进口粮食和外资的数量比重均较低。但近年来，粮食的进口量逐年增长，口粮完全自给的目标仍将遇到较大挑战。三是我国粮食抗经济冲击能力正在逐渐变弱，需要大力推进农业供给侧结构性改革和价格政策改革，逐渐减少过量库存，在保证农民合理收益的前提下实现国内粮价与国际粮价的接轨。

7.2 政策建议

7.2.1 重视粮食生产

粮食生产是粮食储备的前提条件和基础，只有粮食生产增产丰收，粮食消费有剩余，才能有粮可储，才有可能建立完备的粮食储备调控体系。特别是像我国这样的粮食消费大国，应当更加重视粮食生产发展。

夯实粮食安全基础，要提高粮食生产补贴政策的精准度。具体来说就是精准补贴对象，优化农业补贴内容，提高农业补贴标准。要用创新的思维提供新的制度性供给，如对拥有承包地的农民要进行流转费用补贴，降低耕地流入方的粮食生产成本，增加流出方的土地租金收入。同时，对拥有经营权的流入方实施种粮补贴，激发生产者种粮积极性，解决粮食生产与补贴错位问题。

夯实粮食安全基础，要为农业生产创造良好的外部内部条件。通过改善利益调节机制，驱动生产要素向粮食生产流动，以保证粮食生产安全资源供给基础。建立完善的粮食生产社会化服务体系。加大政府对粮食安全的保护力度，有效保证粮食种植者的收入，协调好涉及粮食生产各环节之间的利益关系，除保证当前粮食补贴政策外，还要加大对生产资料的监管，及时调整和提高粮食价格。同时，要切实培育和组建一支具有现代科技力量的农业生产大军，提高农业生产科技水平。

夯实粮食安全基础，要把粮食供给侧结构性改革进一步落到实处。我国秋冬种将努力实现“一稳、一扩、三提升”的目标。“一稳”，即保持小麦播种面积基本稳定，适当调减地下水超采区、条锈病菌源区、赤霉病重发区小麦面积，力争冬小麦面积稳定在3.5亿亩。“一扩”，即扩大冬油菜播种面积，巩固长江流域主产区油菜，积极开发南方冬闲田扩种油菜，力争全年油菜面积达到1亿亩。“三提升”，即提升播种质量、力争一播全苗，提升优质比率、优化产品结构，提升种植效益、助力农民增收。

7.2.2 加强资源保护

加强粮食生产的战略性资源保护。把耕地、水、种子等粮食生产发展的根本性、核心性资源作为战略资源保护。在耕地资源保护上要对建设用地的供给从速度和规模上给予控制，同时要注重平原林业的发展。

1. 缓解农业自然资源缺乏问题

为农业创造良好的外部条件首先是要缓解当前农业自然资源稀缺的问题。通过实行技术革新来推动自然资源存储量的提升，促进农业自然资源的合理运用，努力寻找可用于替代的优质低成本资源，提高农业生产收益和促进农业发展。推动农业资源的合理利用、重复利用，提高综合利用率，减少农业荒地的开垦，改进低产田，挖掘中产田，让农业综合力和生态环境的保护力结合起来。农业可持续发展的核心是水资源优化配置和可供选择的水资源多样化，解决农业灌溉协同配置问题，提高灌溉水利用效率，在不增加环境压力和利用成本的前提下，改善水质和水资源供应，构建资源节约型和环境友好型农业。

2. 改善农业社会性资源投入品

农业社会性资源涉及社会化的方方面面，应积极从城乡二元体制改革、农村土地支付改革、农业产业化经营、提高农民素质以及提高农户社会保障水平等方面入手。破除城乡二元体制，加快推进城乡一体化，实现城乡居民权利平等，使农民成为有尊严的现代劳动者。加快引导农村土地经营权的有序流转，完善农村产权交易，建立健全社会化服务体系，实现农业产业化、规模化、机械化经营。加大对农业生产者的培养培训力度，其中包括小农户、专业大户、家庭农场经营者等。农业资金投入来源于农业资金积累，在资金积累有限的条件下，应在改善资金配置上下功夫，建立以国家投资为导向，以信贷资金为支持，以合作经济为基础，以家庭经营为细胞，充分利用各方资金的多层次、多渠道投资格局，从而使国家、集体、个人各尽其力，提高农业资金配置效率。同时要全面开展农业科技研发，促进技术有效实施，为农业提供必要的机械化服务，将科技人才引入农业生产体系，鼓励开发人员深入生产第一线了解农业生产，以更好地提高机械化水平。

3. 提高农民生产种植积极性

农民作为农村发展的重要力量，作为乡村振兴的实践主体，在农业发展过程中起着非常重要的作用。在乡村振兴过程中，要强调农民的积极性，助力农业产业发展。坚持农民自愿原则，构建农业产业进化联合体。增强农民的市场意识，生产适销对路的产品，促进农业结构化升级。在政府的引导下，鼓励农民积极参加培训，提高自身生产技能，用现代化的工业管理办法实行对农民的管理，并组织农业生产。在农业文化方面，尊重农民的首创精神，扶持优秀的农业文化品牌，鼓励农民树立文化自信，激发创造性才能，从而助力农业更好地发展。

7.2.3 提高粮食产业流通效率

促进粮食流通效率，就要推动农产品传统流通渠道向规模化、组织化渠道发展，这是提高传统流通渠道规模绩效的重要措施。鼓励发展中介公司和培育现代化农业批发市场，把分散的小农户与大市场连接起来，把产地与销地连接起来，从而减少流通环节，降低流通成本，节省流通时间，提高农产品成本投入回报率。

在强化农业流通主体方面，农产品流通必须向需求导向型发展，依据市场需求，合理配置资源，开展农业生产，发挥农业流通组织在农业生产中的连通作用。拓展农产品流通组织功能向加工领域延伸，为其带来更多的利润空间。制定优惠政策，例如流通主体享受工商、信贷、税收等方面的优惠政策，加强对农产品流通主体的引导和扶持。制定合理的农产品市场准入制度，健全市场交易规则，规范流通主体的运作。就流通主体自身来说，要健全完善现有的粮食流通组织，壮大农民合作社，推动粮食企业产销一体化的组织建设，培育农民经纪人流通主体，加强对其监管，引导农民经纪人在流通中发挥更大的作用。

在粮食流通格局方面，随着粮食主产区和主销区不断集聚，两者之间的粮食流通数量不断增长，要充分发挥国有粮食企业的主渠道作用，在粮食流通主产区深化流通体制改革，按照粮食购销市场化改革的取向，积极稳妥放开粮食收购，使粮食价格根据市场变动，推动粮食收购主体多元化。巩固扩大与主销区之间合作关系，按照政府“搭台”、企业“唱戏”、市场法则、互利互惠的原则，扩大主产区粮食外销市场。

在基础设施方面，要完善市场体系，政府应从市场竞争性产业中退出，集中力量搞好公共设施的建设，把农业仓储、交通基础设施、信息网络系统、产业化标准化体系、流通法规体系建设作为支持农产品流通的重要环节来抓，有力促进农产品流通。同时在农产品批发市场、集贸市场的合理布局上下功夫，形成大中小相结合、零售批发相结合、产销相结合的农村流通市场布局。

7.2.4 调整粮食贸易结构

健康的粮食贸易对粮食安全起着保障作用，粮食安全也是粮食贸易的目的。基于我国人口大国的基本国情，粮食安全更要注重粮食贸易。适当进口粮食有利于调节粮食结构性问题，通过贸易措施来优化国内的粮食生产资源要素配置，平衡国内粮食生产状况。政府层面要充分发挥宏观调控的作用，有效结合国际市场供求信息，合理运用关税等政策调节中国粮食进出口规模与结构，防止国内市场因价格变动而引起大波动，维护国内粮食市场。其次要加大对粮食生产中的投入力度，充分利用 WTO 中的“蓝箱”“绿箱”政策，降低粮食生产端的成本，增强粮食出口竞争力。通过适当外交政策拓宽粮食进出口渠道，拓宽粮食贸易伙伴，鼓励粮食产业内横向贸易，降低对粮食主要进出口国的依赖性，确保国内粮食安全。

针对种子产业，我们要提升育种能力，增强自主知识产权创造力。通过规范种业市场规范，完善种业管理体系，营造公平竞争的环境，健全创新机制。吸纳更多的私人资本进入种子行业，激励种子企业和科研机构研发出既具有传统育种优势又具有创新点的优良新品种。支持国内育种业者申请国外知识产权，政府通过提供资金支持和信息支持，扶持产权申请，提高我国种业竞争力。同时要完善种业管理制度，提高种业准入门槛，引导现有企业整合优势资源，提高种子行业集中度，并鼓励种业内中外合资，以借鉴其优质育种技术、管理理念等。

粮商企业要增强自身的科技创新能力，培育新的产业增长点，通过引进、改良、采用先进的技术与工艺，加入专业机械设备，采取科学的组织管理模式，发展粮食精深加工，减少原料浪费，提高粮食加工行业的产品质量，提升粮食出口优质产品的附加值。粮商企业要树立一定的品牌建设意识，培育出优质粮食品牌，提高国内粮食品质，提高国内农产品的国际竞争力。同时要在政府和科研工作者的指导下，努力掌握国际市场供求信息，学习国内外的粮食质量安全标准相关政策，生产出符合国际标准和市场需求的粮食产品，降低粮食贸易风险，提高国内粮食产品的国际市场话语权。

7.2.5 完善粮食安全的政策工具箱

1. 数量安全

由于美国主要的粮食生产政策都能使农场主获得稳定的补贴收入，这种可以解决他们后顾之忧的生产政策，维护了农场主从事粮食生产的积极性，为生产更多的粮食提供了可能。因此，在粮食生产上我们可以借鉴美国的政策：第一，加大对农民的补贴，特别是加大对种粮大户的补贴力度。补贴依据不是按耕地面积而是按产粮多少分等级进行补贴，产粮越多获得补贴性收入越多。第二，在粮食储备政策方面，我们可借鉴欧盟采取的低息贷款以及日本采取的民间机构或企业代储政策。引导农民、种粮大户、企业、合作社建设各类仓库，加强民间资本对农业储存资的积累，减少国家负担，实现藏粮于民的低成本目标。第三，也可学习法国的储存补贴政策，粮食上市越晚，给予补贴越多，最大限度地保证粮食均衡上市，这样既能缓解我国政府的收购粮食压力，又能起到促进农民增收的作用。

2. 质量安全

在生产政策方面，可以借鉴日本的粮食进口技术壁垒与欧盟的对外共同关税壁垒政策，提高粮食进口的标准，拓宽渠道，保障进口粮食的质量，特别是在口粮进口上实施最严格的进口技术壁垒政策，保护主粮生产，让吃饱问题不受限于人。而在消费政策方面，我们可以积极学习欧盟实施的内部政策资金援助的办法以及日本的口粮消费本土化引导政策。加大财政对我国粮食加工业技术的研发支持力度，加大对粮食品种升级改造的资金投入，改善粮食的口感，使居民口粮消费尽可能选择我国生产的粮食。

3. 流通安全

欧盟主要采取强制性的关税措施和设置技术性贸易壁垒来控制进口；对粮食出口提供一定的补贴和信贷支持，降低部分粮食的出口价格，提高共同体内国家的粮食竞争力；通过提供信息资源、宣传推广、贸易优惠、技术扶持等措施，鼓励社会团体、行业协会等第三方积极发挥作用，抢占国际粮食市场份额；积极同其他国家开展粮食多边贸易谈判，推动签订有利于欧共体的贸易协议，以更低的市场价格、更宽大的关税优惠开拓国际市场。

4. 经济安全

目前我国的粮食补贴政策还没有形成完整合理的体系，只是颁布了一些规定、办法或是临时性文件，并没有完善的粮食补贴法，从而在一定程度上阻碍了政策目标的实现。而自 1933 年以来，美国每隔 5 ~ 6 年都会出台一项农业法案，还会出台各种农业专项法、补充条款或是调整法案，形成了完善的农业补贴体系，有力地确保了国家农业补贴目标的实现。日本政府也颁布了《农地法》《农业基本法》《粮食・农业・农村基本法》以及与之相关的配套法律，将政策目标、实施政策的机构及权利范围法律化，形成了一整套农业法律法规体系。粮食政策法律法规体系的建立使得日本粮食政策有法可依，遏制了政府的随意干预，保障了各时期农业政策的顺利推行。美国与日本的做法对我国有非常大的借鉴意义。因此，中国应该在立足本国国情的基础上，建立健全粮食补贴政策的法律法规体系，明确合理地制定粮食补贴预算支出，提高资金使用效率，使得政策的制定、执行、监管均在法律约束下进行，形成确保粮食补贴政策的长效机制。

5. 生态安全

例如，法国通过立法和设立专门治理机构来推进环境保护。1999 年，法国政府更新了《农业指导法》，确定通过发展“多功能农业”实现经济、社会和环境保护协调可持续发展的新目标，并提出加强生态农业转换补助的计划。政府通过签订合同与农场主达成契约，对能够按合约采取环境保护行动措施的农场主每年给予 5 万法郎的补贴。2005 年，法国通过了《环境宪章》，并将其编入宪法，确定环境保护的重要性和权威性。同期，制定出《硝酸盐指令》《废水处理指令》《灌溉标准》《作物轮作标准》等法令法规指导化肥、农药、农业用水的使用以及作物种植标准，实现水土保持。在英国，农民如果对自己农场树木及水源进行保护就会获得一定的补贴费用，对于不施用氮肥的农户补贴 450 ~ 550 英镑/公顷；对于氮肥敏感区，农户氮肥施用量小于 150 千克时，补贴 65 英镑/公顷。中国也应该加强环境保护法律法规和组织部门建设，强化农村环境保护意识。

参考文献

[1] 陈兆荣，雷勋平，王亮．基于支持向量机的区域粮食安全评价模型及其应用［J］．吉林工商学院学报，2012，28（5）：14－18.

[2] 陈兆荣，雷勋平，王亮，等．模糊物元模型在区域粮食安全评价中的应用［J］．重庆文理学院学报，2014（3）：140－144.

[3] 程亨华．关于粮食安全及主要指标的研究［J］．粮油食品科技，2002，10（5）：1－4.

[4] 崔明明，聂常虹．基于指标评价体系的我国粮食安全演变研究［J］．中国科学院院刊，2019，34（8）：910－919.

[5] 戴魁根，任泽民，谢慧．调动农民种粮积极性的三大举措——1020户农民水稻生产现状问卷调查［J］．中国稻米，2007（6）：1－8.

[6]［英］邓宁．跨国公司与全球经济［M］．2版．马述忠，等译．北京：中国人民大学出版社，2016.

[7]［巴西］多斯桑托斯．新自由主义的兴衰［M］．郝名玮，译．北京：社会科学文献出版社，2012.

[8] 高帆．中国粮食安全的测度：一个指标体系［J］．经济理论与经济管理，2005（12）：5－10.

[9] 高虎城．产业安全来自国际竞争力［J］．中国经济周刊，2004（34）：11.

[10] 巩亚娣，马巧云．基于模糊物元模型的河南省粮食安全评价研

究［J］. 山东农业科学，2016，48（1）：168－172.

［11］何维达，何昌. 当前中国三大产业安全的初步估算［J］. 中国工业经济，2002（2）：25－31.

［12］洪涛，傅宏. 中国粮食安全发展报告2014—2015［M］. 北京：经济管理出版社，2015.

［13］胡靖. 入世与中国渐进式粮食安全［M］. 北京：中国社会科学出版社，2003.

［14］景玉琴. 关于产业安全问题的经济思想钩沉［J］. 江汉论坛，2005（10）：15－19.

［15］雷勋平，吴杨，叶松，等. 基于熵权可拓决策模型的区域粮食安全预警［J］. 农业工程学报，2012，28（6）：233－239.

［16］李冬梅，何维达. 基于三角可调模糊数的粮食产业安全评价指标权重的两次收敛模型［J］. 商业经济与管理，2008（2）：44－50.

［17］李文明，唐成，谢颜. 基于指标评价体系视角的我国粮食安全状况研究［J］. 农业经济问题，2010，31（9）：26－31，110－111.

［18］李轩. 重构中国粮食安全的认知维度、监测指标及治理体系［J］. 国际安全研究，2015（3）：68－95.

［19］林灵芝. 外商直接投资对中国玉米产业安全影响研究［D］. 杭州：浙江大学，2014.

［20］刘怀宇，李晨婕，温铁军. “被动闲暇”中的劳动力机会成本及其对粮食生产的影响［J］. 中国人民大学学报，2008（6）：21－30.

［21］刘凌. 基于AHP的粮食安全评价指标体系研究［J］. 生产力研究，2007（15）：58－60.

［22］刘晓梅. 关于中国粮食安全评价指标体系的探讨［J］. 财贸经

济，2004（9）：56-61.

[23] 刘旭，王济民，王秀东，等．粮食作物产业的可持续发展战略研究［J］．中国工程科学，2016（1）：22-33.

[24] 刘旭．新时期我国粮食安全战略研究的思考［J］．中国农业科技导报，2013（1）：1-6.

[25] 龙方．粮食安全评价指标体系的构建［J］．求索，2008（12）：9-11.

[26] 陆慧．发展中国家的粮食安全评价指标体系建立［J］．对外经贸实务，2008（3）：35-38.

[27] 吕政．自主创新与产业安全［J］．中国国情国力，2006（8）：14-15.

[28] 马九杰，张象枢，顾海兵．粮食安全衡量及预警指标体系研究［J］．管理世界，2001（1）：154-162.

[29] 门可佩，魏百军，唐沙沙，等．基于AHP-GRA集成的中国粮食安全预警研究［J］．统计与决策，2009（20）：96-98.

[30] 农村社会经济调查司．我国粮食安全评价指标体系研究［J］．统计研究，2005（8）：3-9.

[31] 彭超，肖逸秋．玉米贸易及产业安全状况的评估与展望［J］．农业展望，2010（12）：32-36.

[32] ［美］托达罗，［美］史密斯．发展经济学［M］．11版．刘春生，评注．北京：电子工业出版社，2013.

[33] 万君康，肖文韬，冯艳飞．国家经济安全理论述评［J］．学术研究，2001（9）：74-78.

[34] 王娜，孟凡琳，李炳军．基于灰色模型的河南省粮食安全预警

分析［J］. 科技与产业，2014（12）：12－16.

［35］王娜，孟凡琳，李炳军. 基于中心点三角白化权函数的河南省粮食安全评价［J］. 河南科学，2015，33（3）：460－465.

［36］王允贵. 产业安全问题与政策建议［J］. 开放导报，1997（1）：27－32.

［37］吴文斌，唐华俊，杨鹏，等. 基于空间模型的全球粮食安全评价［J］. 地理学报，2010，65（8）：907－918.

［38］［日］小岛清. 对外贸易论［M］. 周宝廉，译. 天津：南开大学出版社，1987.

［39］徐逢贤，等. 中国农业扶持与保护［M］. 北京：首都经济贸易大学出版社，1999：257.

［40］［英］亚当·斯密. 国富论［M］. 郭大力，王亚南，译. 北京：商务印书馆，2015.

［41］闫琰，宋莉莉，王秀东. 我国粮食"十一连增"主要因素贡献分析及政策思考［J］. 中国农业科技导报，2016（6）：1－8.

［42］杨公朴，王玉，朱舟，等. 中国汽车产业安全性研究［J］. 财经研究，2000（1）：22－27.

［43］杨国亮. 新时期产业安全评价指标体系构建研究［J］. 马克思主义研究，2010（6）：63－71.

［44］杨磊. 中国粮食安全风险分析及粮食安全评价指标体系研究［J］. 农业现代化研究，2014，35（6）：696－702.

［45］杨雪冬. 国家自主与中国发展道路［J］. 社会科学，2006（3）：127－137.

［46］姚成胜，滕毅，黄琳. 中国粮食安全评价指标体系构建及实证

分析［J］. 农业工程学报，2015，31（4）：1－10.

［47］叶兴庆，周旭英. 中国粮食生产管理体制的效率评估与改革建设［J］. 中国农村经济，1996（4）：28－33.

［48］余强毅，吴文斌，唐华俊，等. 基于粮食生产能力的APEC地区粮食安全评价［J］. 中国农业科学，2011，44（13）：2838－2848.

［49］曾孟夏，陈萍. 可持续发展视角下中国粮食安全的国际比较［J］. 世界农业，2011（9）：30－34.

［50］张国昀. 马克思主义经济学框架下的国家理论研究［D］. 开封：河南大学，2012.

［51］张锦恺. 贸易安全评价体系的构建［D］. 上海：上海社会科学院，2016.

［52］张昕. 中国大豆产业安全研究［D］. 济南：山东大学，2010.

［53］张幼文，等. 要素流动：全球化经济学原理［M］. 北京：人民出版社，2013.

［54］张元红，刘长全，国鲁来. 中国粮食安全状况评价与战略思考［J］. 中国农村观察，2015（1）：2－13.

［55］赵世洪. 国民产业安全若干理论问题研究［J］. 中央财经大学学报，1998（5）：1－5.

［56］中国工程院“国家食物安全可持续发展战略研究”项目研究组. 综合卷·国家食物安全可持续发展战略研究［M］. 北京：科学出版社，2017.

［57］周博，翟印礼. 农业可持续发展视角下的中国粮食安全状况评价［J］. 黑龙江畜牧兽医（综合版），2015（1）：157－159.

［58］周庆元. 基于主成分分析的粮食安全评价研究［J］. 兰州学刊，

2010 (8): 43 -45.

[59] 朱晓禧, 方修琦, 高勇. 基于系统科学的中国粮食安全评价研究 [J]. 中国农业资源与区划, 2012, 33 (6): 11 -17.

[60] 朱泽. 中国粮食安全问题: 实证研究与政策选择 [M]. 武汉: 湖北科学技术出版社, 1998: 105.

[61] 朱泽. 中国粮食安全状况研究 [J]. 中国农村经济, 1997 (5): 26 -33.

[62] 宗锦耀. 加快推进农业机械化科学发展战略 [J]. 农机市场, 2009 (11): 22 -26.

图书在版编目（CIP）数据

新时期我国粮食产业经济安全战略研究 / 闫琰等著.
—北京：经济科学出版社，2021.3
ISBN 978-7-5218-2229-8

Ⅰ.①新… Ⅱ.①闫… Ⅲ.①粮食安全-研究-中国 Ⅳ.①F326.11

中国版本图书馆 CIP 数据核字（2020）第 263922 号

责任编辑：齐伟娜 尹雪晶
责任校对：刘 娅
责任印制：范 艳 张佳裕

新时期我国粮食产业经济安全战略研究
闫 琰 王永春 韩昕儒 宋莉莉 著
经济科学出版社出版、发行 新华书店经销
社址：北京市海淀区阜成路甲 28 号 邮编：100142
总编部电话：010-88191217 发行部电话：010-88191540
网址：www.esp.com.cn
电子邮箱：esp@esp.com.cn
天猫网店：经济科学出版社旗舰店
网址：http://jjkxcbs.tmall.com
北京季蜂印刷有限公司印装
710×1000 16 开 8 印张 100000 字
2021 年 5 月第 1 版 2021 年 5 月第 1 次印刷
ISBN 978-7-5218-2229-8 定价：36.00 元
（图书出现印装问题，本社负责调换。电话：010-88191510）